ISBN: 9781314713596

Published by:
HardPress Publishing
8345 NW 66TH ST #2561
MIAMI FL 33166-2626

Email: info@hardpress.net
Web: http://www.hardpress.net

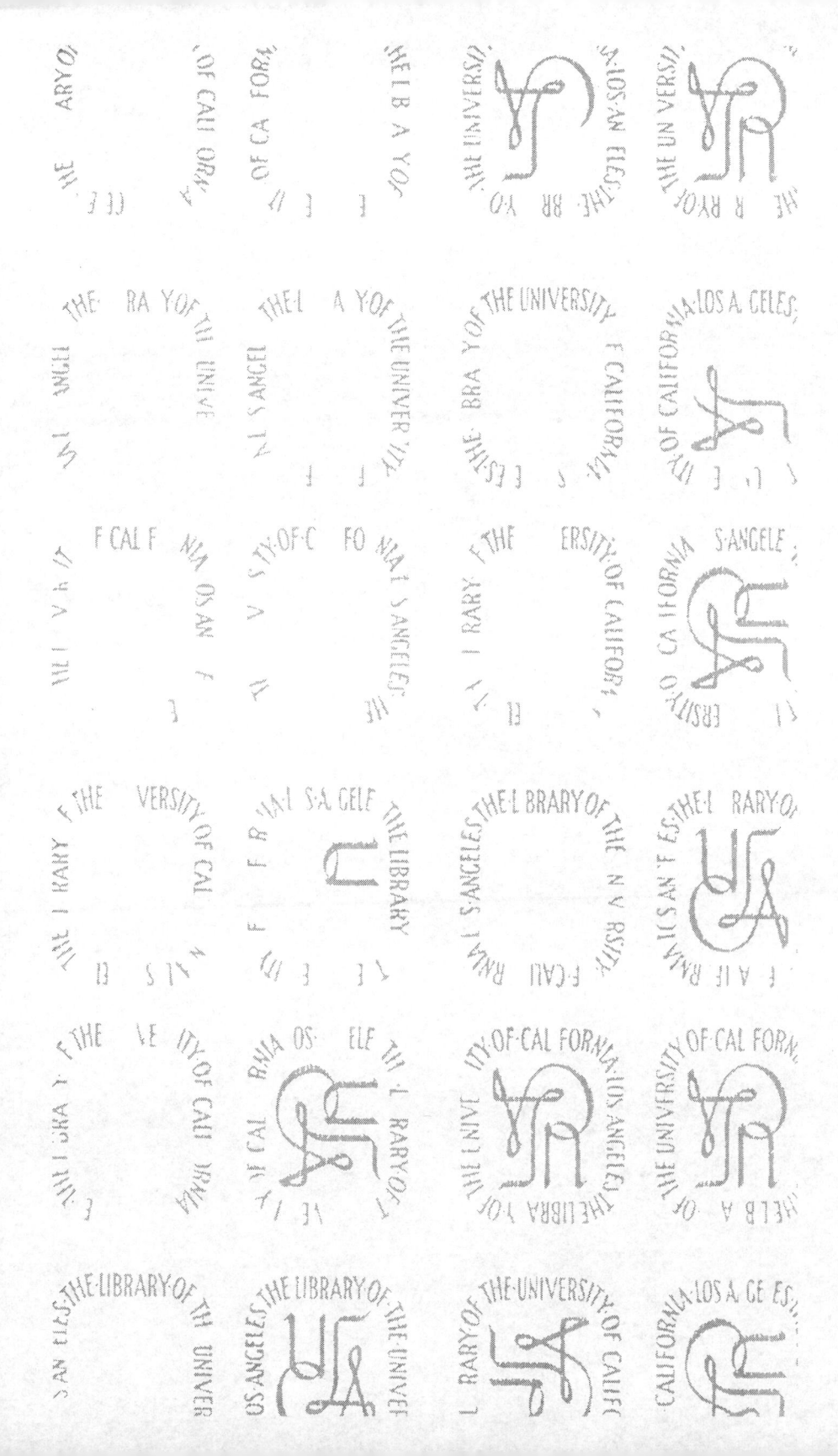

MÉMOIRES

DE L'ABBÉ

DE CHOISY

HABILLÉ EN FEMME

Il a été tiré
de cet ouvrage
dix exemplaires sur Papier
Impérial du Japon
numérotés de 1 à 10,
et mille exemplaires
sur pur fil Lafuma
ancien numérotés
de 11 à 1010

Nº 994

LE LIVRE DU BOUDOIR

MÉMOIRES
DE L'ABBÉ
DE CHOISY
HABILLÉ EN FEMME

Avec Notice et Bibliographie

Par le Chevalier de PERCEFLEUR
Membre Correspondant de l'Académie des Dames

SE VEND A PARIS
A LA BIBLIOTHÈQUE DES CURIEUX
4, RUE DE FURSTENBERG, 4
(Derrière l'Abbaye St-Germain-des-Prés)
—
1920

Stack
Annex
5
104
013

MÉMOIRES DE L'ABBÉ DE CHOISY

NOTICE
SUR L'ABBÉ DE CHOISY

> « *Choisi n'est icy qu'ébauché :*
> *Sa vie on devrait bien écrire,*
> *Mais jamais on ne pourra dire*
> *S'il fut plus fou que débauché* (1) »

François-Timoléon de Choisy naquit à Paris le 16 août 1644. Son père était intendant du Languedoc quand il fut chargé d'arrêter à Montpellier M. de Cinq-Mars et de se saisir de ses papiers. Il le trouva occupé à en brûler une grande partie : les lettres de la princesse Marie

(1) Quatrain manuscrit, de la main de Clairambault, à la fin de la **Préface** des *Mémoires pour servir à l'Histoire de Louis XIV*, Utrecht, 1727, Bibl. Nation. Lb, [37] 140. B.

et de Mme de Choisy, leur confidente, et il eut la complaisance de le laisser faire. « Vous avez raison, Monsieur, dit Cinq-Mars, vous seriez bien fâché de trouver ce que je viens de brûler... » Ce Choisy dut aux intrigues de sa femme de devenir Conseiller d'État, puis Chancelier de Monsieur, duc d'Orléans et frère de Louis XIII. Mme de Choisy (2) était fille aînée de M. de Belesbat, de la maison de Hurault, et petite-fille du Chancelier de l'Hospital. Elle avait eu déjà trois fils, quand, à plus de cinquante ans, étant toujours belle et coquette, elle s'avisa d'en faire un quatrième. Elle pensait ainsi prolonger de deux lustres l'apparence de sa jeunesse. Elle joignait à la beauté, à l'ambition, à l'intrigue et à la coquetterie, un esprit sans lequel ces grâces et ces aspirations ne leur eussent servi que de peu. Car cet esprit plut tant à Louis XIV qu'il lui donnait deux audiences par semaine, et qu'il la pourvut d'une pension de 8.000 livres afin de se conserver les charmes de sa conversation, et dans l'espoir de devenir « honnête homme »

---

(2) Voir ce qu'en disent Tallemant des Réaux, VII, 162 ; Segrais, *Mémoires anecdotes*, p. 26 ; Somaize : *Dict. des Précieuses*, sous le nom de *Célie*, p. 55, éd. Jannet, t. I, 1856.

à son commerce, comme elle le lui avait fait accroire après avoir gagné la confiance d'Anne d'Autriche. En outre, elle correspondait avec Marie de Gonzague, reine de Pologne, Madame Royale de Savoie, Christine de Suède et plusieurs princesses d'Allemagne. Par un effet de la politique pitoyable de Mazarin, l'on élevait Monsieur, frère de Louis XIV, d'une manière efféminée, propre à le rendre incapable et pusillanime ; Mme de Choisy, pour faire sa cour à tout le monde, le Roi, Mazarin et Monsieur, fit prendre à son fils, âgé de cinq ans, les mêmes habitudes. «On m'habilloit en fille, dit l'abbé, toutes les fois que Monsieur venoit au logis, et il y venoit au moins deux ou trois fois par semaine... Dès qu'il arrivoit, suivi des nièces du Cardinal Mazarin et de quelques filles de la reine, on le mettoit à sa toilette, on le coiffoit. Il avoit un corps pour conserver sa taille... on lui ôtoit son justaucorps pour lui mettre des manteaux de femme et des jupes... Quand Monsieur étoit habillé et paré, on jouoit à la petite prime... et sur les sept heures on apportoit la collation... »

Peu à peu, Mme de Choisy prit goût à cette courtisanerie ridicule : que Monsieur vînt ou ne vînt pas, François-Timoléon resta vêtu en fille, serré dans un corset qui lui fit à la longue *élever la chair*, et **frotté** tous les jours avec de l'eau de veau et de la pommade de pied de mouton ! On lui enduisait encore le visage d'une mixture propre à détruire les germes pileux ; enfin, quand il eut l'âge où l'esprit vient aux filles, il trompa les connaisseurs, et jusqu'aux femmes elles-mêmes...

A l'âge de dix-huit ans, ayant perdu sa mère, dont il n'avait hérité que l'esprit, la voluptueuse mollesse, la beauté et les diamants, il essaya du costume viril ; mais, sur le conseil de Mme de La Fayette, il reprit bientôt les jupes, les volants et les mouches. On le voyait au spectacle, jouant de l'éventail, et même aux offices de sa paroisse, qu'il suivait régulièrement, lisant sa messe dans un livre d'heures à miroir carré. Montausier l'ayant morigéné devant le Dauphin, un jour qu'il se pavanait à l'Opéra dans une robe blanche à fleurs d'or, ornée de parements de satin noir et d'une échelle de rubans couleur de rose, il prit le parti de se retirer en province sous le nom de *Comtesse des Barres*. Il acheta donc le château de Crépon, aux environs de Bourges, paraît-il, et devint une femme à la mode à qui les mamans confiaient leurs filles. Une intrigue avec une comédienne le ramène à Paris, puis l'exile à Bordeaux, avatar mystérieux dont le récit ne nous a pas été conservé, et qui fut le plus piquant de sa vie, si l'on en juge par une brève allusion. « J'ai joué, dit-il, la comédie sur le théâtre d'une grande ville comme une fille : tout le monde y étoit trompé. J'avois des amants à qui j'accordois de petites faveurs, fort réservé sur les grandes ; on parloit de ma sagesse... » On voit que l'abbé, dans son incroyable inconscience, identifiait son sexe au sexe supposé de la *Comtesse des Barres*, de *Mme de Ganzi*, ou de *Mlle de Sancy*, ses divers pseudonymes : il croit avoir été sage en n'accordant à ses dupes que de petites faveurs !...

Ces débordements publics amenèrent ses frères à exiger qu'il reprît le costume convenable, et qu'il allât prendre au loin l'habitude de le porter. Choisy s'en fut à Venise, où il perdit au jeu l'argent qui lui restait. Croyant sans doute avoir contrarié la Fortune ou n'être pas reconnu d'elle — bien qu'il la sût aveugle —, il reprit ses atours et revint à Paris. Là, trop certain que la Déesse mondaine l'abandonnait, il se souvint qu'il était abbé, et, rendant infidélité pour infidélité, il se retira dans l'abbaye de Sainte-Seine, dont il avait été gratifié en 1663, et qui lui rapportait 6.000 livres. Les revenus du prieuré de Saint-Lô, et le doyenné de la cathédrale de Bayeux, ajoutés à cette rente, lui composaient une mense annuelle de 14.000 livres, insuffisante pour une coquette, mais considérable pour un ermite. A Sainte-Seine commença sa liaison avec Bussy-Rabutin, exilé dans ses terres, qui lui conseilla d'écrire des livres de dévotion à l'usage des gens du monde, conseil qu'il ne devait mettre à profit que quelques années après. En attendant, il revient derechef à Paris gaspiller ses économies, et trouve un sauveur dans le cardinal de Bouillon, qui lui propose de le suivre à Rome en qualité de conclaviste pour l'élection de Clément X (1676). A Rome, le cardinal de Retz le fait nommer conclaviste général des cardinaux français. Cependant, le singulier abbé n'était pas encore prêtre et ne connaissait Dieu que par ouï-dire... Une maladie, qui le mit à deux doigts de la mort, lui fit entrevoir un enfer peuplé de polissons habillés en femme et des conclavistes sans croyance. L'abbé Dangeau, son ami, acheva de l'éclairer sur la Foi, et le vit si étourdi de l'existence de Dieu qu'il s'apprêtait à croire au baptême des cloches. Ils commémorèrent tous deux cette importante conversion et le retour à la vie par *Quatre Dialogues sur l'immortalité de l'âme, l'existence de Dieu, la Providence et la Religion*, dont deux au moins sont superfétatoires. L'année suivante (1685), Choisy s'offre pour une ambassade à Siam. La mission se trouvant déjà donnée au chevalier de Chaumont, il réclame le titre de *coadjuteur*, représentant que l'envoyé du Roi pouvait succomber, soit dans les périls de la traversée, soit sous l'ardeur du soleil ou la mâchoire d'un crocodile... Parti *coadjuteur*, il revint prêtre (1), consacré en deux heures par un évêque *in partibus* ignorant de son passé, et quelque peu ébloui par sa foi de néophyte, son titre, et peut-être aussi les connaissances miraculeuses qu'il avait acquises durant son périple marin, à savoir : le portugais, le siamois et l'astronomie...

(1) Dans l'édition citée des *Mémoires* annotée par Clairambault, on lit cette note manuscrite, dont nous mettons en doute la véracité, et qui n'a été relevée par personne : « Il fut marié sur terre à Mlle Gardeblé et de laquelle il avoit au moins un enfant ; et il se fit faire prestre sur un vaisseau passant à Siam. Cela donne lieu de l'appeler : marié sur terre et prestre sur mer. »

Il amusa quelque peu la cour et la ville du récit de son grand voyage, et la relation qu'il en fit paraître lui ouvrit les portes de l'Académie. Le reste de son existence, partagé entre le séminaire des Missions étrangères et la rédaction de ses ouvrages, est sans incidents ni grand intérêt. Les preuves de l'existence de Dieu ne lui avaient cependant pas fait perdre sa frivolité, témoin la belle planche gravée qui ornait sa *Traduction de l'Imitation de Jésus-Christ*, dédiée à Mme de Maintenon. On y voyait la pieuse maîtresse à genoux au pied d'un crucifix, avec ce verset de David, en dessous : *Audi, filia, Rex concupiscet decorem tuum...* L'application scandalisa tout le monde, et l'on invita l'abbé de Choisy à retrancher cette image des exemplaires qui lui restaient à débiter. Il faillit être évêque : on craignit qu'il n'eût encore de ces rencontres, dont la naïve justesse n'est pas toujours réparable...

Sur la fin de sa vie, obéissant à Mme de Lambert, il rédigea les mémoires qu'il aimait à raconter et qui faisaient le régal des roués de la Régence. Il ignorait encore la pudeur !... Ce récit de sa jeunesse, unique dans notre littérature, et qui donna, plus d'un siècle après, l'idée de Faublas au citoyen Louvet, appartenait aux *Mémoires pour servir à l'histoire de Louis XIV*, ouvrage écrit avec agrément dans un style de caillette. Les manuscrits en furent légués par l'auteur à son parent, le marquis d'Argenson, à qui l'abbé d'Olivet en déroba une copie pour la faire imprimer en Hollande en n'en prenant que la fleur. L'abbé d'Olivet, que Choisy avait reçu à l'Académie française, en publia à part la partie galante à Lausanne et Genève en 1742, et peut-être même avant, en 1733, soit trois livres sur cinq, tous trois fort atténués ou incomplets. L'abbé de Choisy était mort depuis 1724, à l'âge de quatre-vingts ans. Ses travaux, tant historiques que religieux, plus trois histoires romanesques, forment une quinzaine d'ouvrages. Son *Histoire de l'Eglise* fut entreprise sur les conseils de Bossuet, qui trouvait celle de Fleury peu abordable. Elle forme onze tomes in-4º, qui ont moins fait pour sa réputation qu'une centaine de pages licencieuses, écrites d'une plume enjouée. De tous les abbés galants, Choisy partage seul avec l'abbé d'Entragues l'audace d'avoir poussé le libertinage jusqu'à provoquer la curiosité publique ; mais d'Entragues, qui recevait les visites dans son lit, coiffé d'une cornette de dentelle, et les oreilles ornées de pendeloques, n'a pas eu le cynique naturel de rendre ses comptes à la Postérité. Aurait-il su se faire pardonner comme notre charmant étourdi ?...

LE CHEV^r DE PERCEFLEUR,
Membre Correspondant de l'Académie des Dames.

OUVRAGES A CONSULTER. — Voisenon, *Anecdotes littéraires, Œuvres complètes*, 1781, t. IV. D'Alembert, *Éloge de l'Abbé de Choisy. Lettres de L. B. Lauraguais à madame*** (Lettre II), Paris, 1802. Aimé Champollion, *Notice sur l'Abbé de Choisy*, nouv. coll. des Mém. relat. à l'hist. de France. t. VI, 1839. Sainte-Beuve, *Causeries du Lundi*, t. III. D'Argenson, *Mémoires*, Plon, 1857, t. I. Monmerqué, *Notice sur l'Abbé de Choisy et sur les Mémoires*, en tête des Mémoires de l'Abbé, dans la collect. Petitot des mém. relat. à l'Hist. de France, t. LXIII, 2ᵉ série, Paris, 1828. Paul Lacroix, *Avant-Propos*, éd. Gay, 1862 ; Kistemaeker, 1880. Lesuire, *Mémoires de l'Abbé de Choisy, pour servir à l'Histoire de Louis XIV*, Paris, 1888, préface. Gustave Desnoiresterres, *Les Originaux, Choisy*, Revue franç. août et sept. 1856.

Trois Faublas de ce temps-là, publ. par Servin, *manuscrit trouvé dans les panneaux d'une voiture de la cour*, Paris, Barba, 1803, 4 vol. in-12. (Les trois héros de ce roman sont le comte de Guiche, le peintre Ferdinand et l'Abbé de Choisy). Roger de Beauvoir, *l'Abbé de Choisy* (roman), Paris, 1848, 3 vol. in-8.

I

PREMIÈRES INTRIGUES DE L'ABBÉ DE CHOISY SOUS LE NOM DE MADAME DE SANCY

Vous m'ordonnez, Madame, d'écrire l'histoire de ma vie ; en vérité, vous n'y songez pas. Vous n'y verrez assurément ni villes prises ni batailles gagnées ; la politique n'y brillera pas plus que la guerre. Bagatelles, petits plaisirs, enfantillages, ne vous attendez pas à autre chose ; un naturel assez heureux, des inclinations douces, rien de noir dans l'esprit, joie partout, envie de plaire, passions vives, défauts dans un homme, vertus du beau sexe, vous en serez honteuse en lisant, que serai-je donc en écrivant? J'aurai beau chercher des excuses dans la mauvaise éducation, on ne m'excusera point. Voilà bien des discours inutiles ; vous commandez : j'obéis ; mais trouvez bon, Madame, que je ne vous obéisse que par parties ; j'écrirai quelque acte de ma comédie, qui n'aura aucune liaison avec le reste ; par exemple, il me prend envie de vous conter les grandes et mémorables aventures du faubourg Saint-Marceau.

C'est une étrange chose qu'une habitude d'enfance, il est impossible de s'en défaire : ma mère, presque en naissant, m'a accoutumé aux habillements des femmes ; j'ai continué à m'en servir dans ma jeunesse ; j'ai joué la comédie cinq mois durant sur le théâtre d'une grande ville, comme une fille ; tout le monde y étoit trompé ; j'avois des amants à qui j'accordois de petites faveurs, fort réservé sur les grandes ; on parloit de ma sagesse. Je jouissois du plus grand plaisir qu'on puisse goûter en cette vie.

Le jeu, qui m'a toujours persécuté, m'a guéri de ces bagatelles pendant plusieurs années, mais toutes les fois que je me suis ruiné et que j'ai voulu quitter le jeu, je suis retombé dans mes anciennes faiblesses et suis redevenu femme.

J'ai acheté dans ce dessein une maison au

faubourg Saint-Marceau, au milieu de la bourgeoisie et du peuple, afin de m'y pouvoir habiller à ma fantaisie parmi des gens qui ne trouveroient point à redire à tout ce que je ferois. J'ai commencé par me faire repercer les oreilles, les anciens trous s'étant rebouchés ; j'ai mis des corsets brodés et des robes de chambre or et noir, avec des parements de satin blanc, avec une ceinture busquée et un gros nœud de rubans sur le derrière pour marquer la taille, une grande queue traînante, une perruque fort poudrée, des pendants d'oreilles, des mouches, un petit bonnet avec une fontange.

D'abord j'avois seulement une robe de chambre de drap noir, fermée par-devant avec des boutonnières noires qui alloient jusques en bas, et une queue d'une demi-aune, qu'un laquais me portoit, une petite perruque peu poudrée, des boucles d'oreilles fort simples, et deux grandes mouches de velours aux tempes. J'allai voir monsieur le curé de Saint-Médard, qui loua fort ma robe, et me dit que cela avoit bien meilleure grâce que tous ces petits abbés avec leurs justaucorps et leurs petits manteaux qui n'imprimoient point de respect ; c'est à peu près l'habit de plusieurs curés de

Paris. J'allai ensuite voir les marguilliers qui m'avoient loué un banc vis-à-vis la chaire du prédicateur, et puis je fis toutes les visites de mon quartier, la marquise d'Usson, la marquise de Menières et toutes mes autres voisines ; je ne me mis point d'autres habillements pendant un mois, et ne manquai point d'aller tous les dimanches à la grand'messe et au prône de M. le curé, ce qui lui fit grand plaisir. J'allois, une fois la semaine, avec monsieur le vicaire, ou monsieur Garnier, que j'avois choisi pour mon confesseur, visiter les pauvres honteux, et leur faire quelques charités. Mais, au bout d'un mois, je défis trois ou quatre boutonnières du haut de ma robe, pour laisser entrevoir un corps de moire d'argent, que j'avois par-dessous ; je mis des boucles d'oreilles de diamants, que j'avois achetées, il y avoit cinq ou six ans, de monsieur Lambert, joaillier ; ma perruque devint un peu plus longue et plus poudrée et taillée en sorte qu'elle laissoit voir tout à plein mes boucles d'oreilles, et je mis trois ou quatre petites mouches autour de la bouche ou sur le front. Je demeurai encore un mois sans m'ajuster davantage, afin que le monde s'y accoutumât insensiblement et crût m'avoir vu toujours de même ; ce qui ne manqua pas d'arriver.

Quand je vis que mon dessein réussissoit, j'ouvris aussitôt cinq ou six boutonnières du bas de ma robe, pour laisser voir une robe de satin noir moucheté, dont la queue n'étoit pas si longue que celle de ma robe ; j'avois encore par-dessous un jupon de damas blanc, qu'on ne voyoit que quand on me portoit la queue. Je ne mettois plus de haut-de-chausse ; il me sembloit que cela ressembloit davantage à une femme, et ne craignois point d'avoir froid : nous étions en été. J'avois une cravate de mousseline, dont les glands venoient tomber sur un grand nœud de ruban noir, qui étoit attaché au haut de mon corps de robe, ce qui n'empêchoit pas qu'on ne me vît le haut des épaules qui s'étoient conservées assez blanches par le grand soin que j'en avois eu toute ma vie ; je me lavois tous les soirs le col et le haut de la gorge avec de l'eau de veau et de la pommade de pieds de mouton, ce qui faisoit que la peau étoit douce et blanche.

Ainsi, peu à peu, j'accoutumai le monde à me voir ajusté. Je donnois à souper à madame d'Usson et à cinq ou six de mes voisines, lorsque monsieur le curé me vint voir à 7 heures du soir ; nous le priâmes de souper avec nous ; il est bon homme, il demeura.

— Désormais, me dit madame d'Usson, je vous appellerai madame.

Elle me tourna et retourna devant monsieur le curé, en lui disant :

— N'est-ce pas là une belle dame?

— Il est vrai, dit-il ; mais elle est en masque.

— Non, monsieur, lui dis-je, non ; à l'avenir, je ne m'habillerai plus autrement ; je ne porte que des robes noires doublées de blanc, ou des robes blanches doublées de noir ; on ne me sauroit rien reprocher. Ces dames me conseillent, comme vous voyez, cet habillement, et m'assurent qu'il ne me sied pas mal; d'ailleurs, je vous dirai que je soupai, il y a deux jours, chez madame la marquise de Noailles ; monsieur son beau-frère y vint en visite, et loua fort mon habillement, et, devant lui, toute la compagnie m'appeloit *madame*.

— Ah ! dit monsieur le curé, je me rends à une pareille autorité, et j'avoue, madame, que vous êtes fort bien.

On vint avertir que le souper étoit servi ; on demeura à table jusqu'à 11 heures, et mes gens reconduisirent monsieur le curé.

Depuis ce temps-là, je l'allai voir et ne fis plus de façon d'aller partout en robe de chambre, et tout le monde s'y accoutuma.

J'ai cherché d'où me vient un plaisir si bizarre, le voici : le propre de Dieu est d'être aimé, adoré ; l'homme, autant que sa faiblesse le permet, ambitionne la même chose ; or, comme c'est la beauté qui fait naître l'amour, et qu'elle est ordinairement le partage des femmes, quand il arrive que des hommes ont ou croient avoir quelques traits de beauté qui peuvent les faire aimer, ils tâchent de les augmenter par les ajustements des femmes, qui sont fort avantageux. Ils sentent alors le plaisir inexprimable d'être aimé. J'ai senti plus d'une fois ce que je dis par une douce expérience, et quand je me suis trouvé à des bals et à des comédies, avec de belles robes de chambre, des diamants et des mouches, et que j'ai entendu dire tout bas auprès de moi : « Voilà une belle personne », j'ai goûté en moi-même un plaisir qui ne peut être comparé à rien, tant il est grand. L'ambition, les richesses, l'amour même ne l'égalent pas, parce que nous nous aimons toujours mieux que nous n'aimons les autres.

Je donnois de temps en temps et assez souvent à souper à mes voisines ; je ne me piquois point de faire des festins ; c'étoit ordinairement les dimanches et les fêtes ; les bourgeois sont plus propres ces jours-là et n'ont qu'à se réjouir.

Un jour que j'avois prié madame Dupuis et ses deux filles, monsieur Renard, sa femme, sa petite-fille qu'on appeloit mademoiselle Charlotte, et son petit-fils qu'on appeloit monsieur de la Neuville, il étoit 6 heures du soir, nous étions dans ma bibliothèque qui étoit fort éclairée ; un lustre de cristal, bien des miroirs, des tables de marbre, des tableaux, des porcelaines : le lieu étoit magnifique. Je m'étois fort ajusté ce jour-là ; j'avois une robe de damas blanc, doublée de taffetas noir, la queue traînoit d'une demi-aune ; un corps de grosse moire d'argent qu'on voyoit entièrement, un gros nœud de ruban noir au haut du corps, sur lequel pendoit une cravate de mousseline avec des glands, une jupe de velours noir, dont la queue n'étoit pas si longue que celle de la robe, deux jupons blancs par-dessous, qu'on ne voyoit point — c'étoit pour n'avoir pas froid, car depuis que je portois des jupes, je ne me servois plus de haut-de-chausse, je me croyois véritablement femme. — J'avois ce jour-là mes belles boucles d'oreilles de diamants brillants, une perruque bien poudrée et douze ou quinze mouches. Monsieur le curé arriva pour me rendre visite ; tout le monde fut gai de le voir : il est fort aimé dans la paroisse.

— Ah ! madame, me dit-il en entrant, vous voilà bien parée ! Allez-vous au bal?

— Non, monsieur, lui dis-je, mais je donne à souper à mes belles voisines, et serois bien aise de leur plaire.

On s'assit, on dit des nouvelles (monsieur le curé les aime fort). On trouvoit toujours sur ma table les *Gazettes*, les *Journaux des Savants*, les *Trévoux* et les *Mercure galant*, et chacun prenoit ce qu'il aimoit le mieux. Je lui fis lire une petite histoire qui étoit dans le *Mercure* du dernier mois, où il étoit parlé d'un homme de qualité qui vouloit être femme à cause qu'il étoit beau, à qui on faisoit plaisir de l'appeler madame, qui mettoit de belles robes d'or, des jupes, des pendants d'oreilles, des mouches, qui avoit des amants.

— Je vois bien, leur dis-je, que cela me ressemble, mais je ne sais si je dois m'en fâcher.

— Ah ! pourquoi, madame, dit mademoiselle Dupuis, pourquoi vous en fâcher? Cela n'est-il pas vrai? D'ailleurs, dit-il du mal de vous? Au contraire, il dit que vous êtes belle. Pour moi, je voudrois qu'à la franquette il eût mis votre nom, afin que tout le monde parlât davantage de vous, et j'ai envie de l'aller trouver et de lui en donner l'avis.

— Gardez-vous en bien, lui dis-je, je veux

bien être belle parmi vous, mais je ne vais dans la ville, parée comme je suis, que le moins qu'il m'est possible ; le monde est si méchant, et c'est une chose si rare de voir un homme souhaiter d'être femme, qu'on est exposé souvent à de mauvaises plaisanteries.

— Que dites-vous là, madame? interrompit monsieur le curé ; avez-vous jamais trouvé personne qui ait condamné votre conduite à cet égard?

— Oui dà ! monsieur, j'en ai trouvé ; j'avois un oncle conseiller d'État, nommé monsieur ***, qui, sachant que je m'habillois en femme, me vint trouver un matin pour me bien gronder ; j'étois à ma toilette et venois de prendre ma chemise ; je me levai. « Non, dit-il, asseyez-vous et vous habillez. » Il s'assit aussitôt vis-à-vis de moi. « Puisque vous me l'ordonnez, lui dis-je, mon cher oncle, je vous obéis. Il est 11 heures, et il faut aller à la messe. » On me mit un corps lacé par derrière, et ensuite une robe de velours noir ciselé, une jupe de même, par-dessus un jupon ordinaire, une cravate de mousseline et une stinquerque or et noir ; j'avois gardé jusque-là mes cornettes de nuit ; je mis une perruque fort frisée et fort poudrée. Le bonhomme ne disoit mot. « Cela sera bientôt fait, cher oncle, lui dis-je;

je n'ai plus qu'à mettre mes pendants d'oreilles et cinq ou six mouches » ; ce que je fis en ce moment. « A ce que je vois, me dit-il, il faut que je t'appelle ma nièce. En vérité, tu es bien jolie. » Je lui sautai au col, et le baisai deux ou trois fois ; il ne me fit point d'autres réprimandes, me fit monter dans son carrosse, et me mena à la messe et dîner chez lui.

La petite historiette fit plaisir à la compagnie. Monsieur le curé fit semblant de s'en aller, et demeura. On soupa bien, avec joie et innocence, on but à la fin du vin brûlé ; j'avois prié tout bas mademoiselle Dupuis de proposer à la compagnie d'aller au petit cabinet du jardin, je dis que je le voulois bien. Monsieur de la Neuville me donna la main pour m'y conduire ; j'appelai un laquais pour prendre mes queues.

— Non, non, dit mademoiselle Dupuis, je les veux porter ; les filles d'honneur portent les queues des princesses.

— Mais, lui dis-je, je ne suis pas princesse !

— Eh bien ! madame, vous le serez ce soir, et moi fille d'honneur.

— Ne la serez-vous que ce soir? dit en riant monsieur de la Neuville.

Je me mis à rire aussi, et lui dis gravement :

— Puisque je suis princesse, je vous fais l'une de mes filles d'honneur ; prenez ma queue.

Nous descendîmes au cabinet, et à peine la compagnie put-elle tenir, tant il est petit. On se mit sur des canapés qui sont tout autour, et pour réjouir mes amies, je leur dis que je leur permettois de me venir saluer et baiser ; tout le monde y passa en revue, et sur ce que monsieur le curé, par modestie, ne venoit pas à son tour, je me levai et l'allai embrasser de tout mon cœur.

J'avois un banc vis-à-vis la chaire du prédicateur ; les marguilliers m'envoyoient toujours un cierge allumé pour aller à la procession, et je les suivois immédiatement ; un laquais me portoit la queue, et le jour du Saint-Sacrement, comme la procession faisoit un grand tour, elle alloit jusques aux Gobelins ; monsieur de la Neuville me donnoit la main, et me servoit d'écuyer. Au bout de cinq à six mois, on m'apporta le chanteau pour rendre le pain bénit ; je fis la chose fort magnifiquement, mais je ne voulus point de trompettes. Ces marguilliers me dirent qu'il falloit qu'une femme présentât le pain bénit, et quêtât, et qu'ils se flattoient que je voudrois bien leur faire cet honneur-là. Je ne savois ce que je devois faire ; madame la marquise d'Usson me détermina et me dit qu'elle avoit quêté elle-même, et que cela feroit plaisir à toute la paroisse. Je ne me fis pas prier davantage, mais je m'y préparai comme à une fête qui devoit me montrer en spectacle à tout un grand peuple. Je fis faire une robe de chambre de damas blanc de la Chine, doublée de taffetas noir : j'avois une échelle de rubans noirs, des rubans sur les manches, et derrière, une grande touffe de rubans noirs pour marquer la taille. Je crus qu'en cette occasion il falloit une jupe de velours noir ; nous étions au mois d'octobre, le velours étoit de saison.

J'ai toujours depuis porté deux jupes, et j'ai fait retrousser mes manteaux avec de gros nœuds de rubans. Ma coiffure étoit fort galante : un petit bonnet de taffetas noir chargé de rubans étoit attaché sur une perruque qui étoit fort poudrée ; madame de Noailles m'avoit prêté ses grands pendants d'oreilles de diamants brillants, et dans le côté gauche de mes cheveux j'avois cinq ou six poinçons de diamants et de rubis ; trois ou quatre grandes mouches, et plus d'une grande douzaine de petites.

J'ai toujours fort aimé les mouches, et je trouve qu'il n'y a rien qui sied si bien. J'avois une stinquerque de Malines, qui faisoit semblant de cacher une gorge ; enfin j'étois bien parée ; je présentai le pain bénit, et j'allai à l'offrande d'assez bonne grâce, à ce qu'on m'a dit, et puis je quêtai. Ce n'est pas pour me vanter, mais jamais on n'a fait tant d'argent à Saint-Médard. Je quêtai le matin à la grand'messe, et l'après-dînée à vêpres et au salut ; j'avois un écuyer qui étoit monsieur de la Neuville, une femme de chambre qui me suivoit, et trois laquais, dont un me portoit la queue.

On me fit la guerre que j'avois été un peu coquette, sur ce qu'en passant sur les chaises je m'arrêtois quelquefois pendant que le bedeau me faisoit faire place, et m'amusois à me mirer pour rajuster quelque chose à mes pendants d'oreilles ou à ma stinquerque, mais je ne le fis que le soir au salut, et peu de gens s'en aperçurent. Je fatiguai beaucoup toute la journée, mais j'avois eu tant de plaisir de me voir applaudir de tout le monde, que je ne me sentis lasse que quand je fus couchée.

J'oubliois de dire que je fis deux cent soixante et douze livres. Il y eut trois jeunes hommes fort bien faits, que je ne connaissois point, qui me donnèrent chacun un louis d'or ; je crus que c'étoient des étrangers ; il est certain qu'il y vint beaucoup de gens d'autres paroisses, sachant que j'y devois quêter, et j'avoue que le soir, au salut, j'eus un grand plaisir. Il étoit nuit, on parle plus librement ; j'entendis, à deux ou trois reprises, en différents endroits de l'église, des gens qui disoient :

— Mais est-il bien vrai que ce soit là un homme ? Il a bien raison de vouloir passer pour une femme.

Je me retournai de leur côté, et fis semblant de demander à quelqu'un, afin de leur donner le plaisir de me voir. On peut juger que cela me confirma étrangement dans le goût d'être traité comme une femme. Ces louanges me paraissoient des vérités qui n'étoient point mendiées : ces gens-là ne m'avoient jamais vu, et ne songeoient point à me faire plaisir.

La vie que je menois dans ma petite maison du faubourg Saint-Marceau étoit assez douce. Mes affaires étoient en bon état, mon frère venoit de mourir, et m'avoit laissé, toutes dettes payées, près de cinquante mille écus ; j'avois d'assez beaux meubles, de la vaisselle d'argent, un peu de vermeil doré, des boucles d'oreilles de diamants brillants, deux bagues qui valoient bien quatre mille francs, une boucle de ceinture et des bracelets de perles et de rubis.

Ma maison étoit fort commode ; j'avois un carrosse à quatre personnes et un à deux, quatre chevaux de carrosse, un cocher et un postillon qui servoit de portier, un aumônier, un valet de chambre dont la sœur faisoit ma dépense et avoit soin de m'habiller, trois laquais, un cuisinier, une laveuse d'écuelles, et un savoyard pour frotter mon appartement.

Je donnois à souper fort souvent à mes voisines, et quelquefois à monsieur le curé et à monsieur Garnier, et sans me piquer de faire grande chère, je la faisois assez bonne ; j'avois quelquefois des concerts, j'envoyois mon carrosse à Descotaux, mon ancien ami ; je faisois le soir des petites loteries de bagatelles : cela avoit un air de magnificence ; je menois mes voisines à l'Opéra, à la Comédie ; on trouvoit toujours chez moi du café, du thé et du chocolat, je faisois dire tous les jours la messe à mon aumônier, à la présentation, à midi et demi ; toutes les paresseuses du quartier n'y manquoient pas, et comme je me couchois fort tard, on venoit m'éveiller souvent pour m'avertir que la messe sonnoit ; je mettois vite une robe de chambre, une jupe et une coiffe de taffetas pour cacher mes cornettes de nuit, et courois l'entendre ; je n'aimois pas à la perdre. Enfin, il me sembloit que tout le monde étoit content de moi, lorsque l'amour vint troubler mon bonheur.

Deux demoiselles mes voisines me témoignoient beaucoup d'amitié et ne faisoient aucune façon de me baiser ; c'étoit à qui m'ajusteroit ; je leur donnois assez souvent à souper, elles venoient toujours de bonne heure, et ne songeoient qu'à me parer ; l'une m'accommodoit mon bonnet, et l'autre redressoit mes pendants d'oreilles ; chacune demandoit comme une grande faveur l'intendance des mouches ; elles n'étoient jamais placées à leur gré, et en les changeant de place, elles me baisoient à la joue ou au front ; elles s'émancipèrent un jour à me baiser à la bouche d'une manière si pressante et si tendre, que j'ouvris les yeux et m'aperçus que cela partoit de plus que de la bonne amitié ; je dis tout bas à celle qui me plaisoit davantage (c'étoit mademoiselle Charlotte) :

— Mademoiselle, serois-je assez heureux pour être aimé de vous ?

— Ah ! madame, me répondit-elle en me serrant la main, peut-on vous voir sans vous aimer !

Nous eûmes bientôt fait nos conditions ; nous nous promîmes un secret et une fidélité inviolables.

— Je ne me suis point défendue, me disoit-elle un jour, comme j'aurois fait contre un homme : je ne voyois qu'une belle dame, et pourquoi se défendre de l'aimer? Quels avantages vous donnent les habits de femme ! Le cœur de l'homme y est qui fait ses impressions sur nous, et d'un autre côté, les charmes du beau sexe nous enlèvent tout d'un coup et nous empêchent de prendre nos sûretés.

Je répondois à sa tendresse de toute la mienne; mais quoique que je l'aimasse beaucoup, je m'aimois encore davantage, et ne songeois qu'à plaire au genre humain.

Nous nous écrivions tous les jours, mademoiselle Charlotte et moi, et nous nous voyions à tous moments : la fenêtre de sa chambre étoit vis-à-vis de la mienne, le petite rue de Sainte-Geneviève entre deux. Ses lettres étoient écrites avec une simplicité charmante ; je lui en ai rendu plus de cent, comme je le dirai dans la suite ; il ne m'en reste que deux, par hasard.

PREMIÈRE LETTRE

« Que vous étiez aimable hier au soir, madame ! J'eus bien du plaisir, et j'eus envie cent fois de vous aller baiser devant tout le monde. Eh bien ! on eût dit que je vous aime, cela n'est-il pas vrai ? Je ne veux point le cacher, et si vous ne le dites pas, je le dirai, moi. Mon grand-papa me dit tout bas : « Ma fille, je crois que madame de Sancy t'aime : tu serais bien heureuse. Oh ! dame ! je ne puis pas me retenir et je lui dis : « Mon papa, nous nous aimons de tout notre cœur, mais madame ne veut pas qu'on le sache. » Adieu, voilà ma belle-mère qui entre. » (Cette belle-mère la tourmentait.)

DEUXIÈME LETTRE

« En vérité, monsieur, je suis au désespoir ; je voudrais ne vous avoir jamais connu, qu'il m'en eût coûté grand'chose pour le chagrin que vous me causez. Je crois que l'on a découvert quelque chose de notre petite amitié ; c'est vous seul qui en êtes la cause : pourquoi me parlez-vous tout bas à l'oreille ? Il y a du temps que l'on m'espionne. Je ne sais pas si c'est que l'on m'a vue aller au cabinet, mais l'on m'a fait des réprimandes qui ne me plaisent pas. Quand vous viendrez, ne cessez pas de me parler ; ne faites pas semblant de rien, afin que l'on croie s'être trompé. Le Saint-Esprit m'a inspiré de ne point aller chez vous. Je fus chez mademoiselle Dupuis, l'on m'y vint chercher ; je fus après cela chez ma tante, l'on y vint encore ; donnez-vous bien de garde de ne me point jeter rien par la fenêtre. En vérité, monsieur, je suis bien malheureuse de vous aimer. Je vous écris cette lettre avec toutes les peines du monde : je ne suis pas un moment dans ma chambre que l'on ne vienne voir ce que j'y fais. Ne m'attendez plus au pavillon. Pour moi, je ne sais pas si l'on se doute que vous me donnez des lettres ; quand vous m'en donnerez, ne m'en donnez qu'à bonnes enseignes, que l'on ne s'en aperçoive pas. Je vous avoue que j'ai bien du chagrin ; si ce n'était pour un peu, je m'en irais passer trois mois dans un couvent. Qu'en dites-vous ? Ne me demandez point : N'avez-vous rien à me donner ? Quand j'aurai quelque lettre, je vous la donnerai quand j'en pourrai trouver les occasions. »

On fit, en ce temps-là, une noce chez une personne de qualité de mes parentes et de mes bonnes amies ; j'y avois dîné, et je résolus d'y aller en masque après souper ; il devoit y avoir des violons. J'allai aussitôt chez moi, et proposai à mes belles voisines de leur donner à souper, et de se masquer ensuite. De jeunes personnes ne demandent pas mieux. Je fis habiller mademoiselle Charlotte en garçon, je louai un habit complet, fort propre, avec une belle perruque ; c'était un fort joli cavalier. On me reconnut d'abord, parce qu'on y avoit vu souvent ma robe de chambre ; ainsi je fus obligé d'ôter mon masque et de me mettre dans le rang des dames du bal ; le reste de la troupe demeura masqué. Charlotte me prit pour danser ; la compagnie fut assez contente du menuet que nous dansâmes ensemble ; l'agitation ne me fit point de tort, et je revins à ma place avec un rouge que je n'avois pas avant que de danser. La maîtresse du logis qui n'est pas louangeuse, me vint embrasser et me dit tout bas :

— J'avoue, ma chère cousine, que cet habillement vous sied bien ; vous êtes, ce soir, belle comme un ange.

Je changeai de discours, et appelai Charlotte qui ôta son masque et laissa voir un petit minois fort aimable.

— Voilà, madame, lui dis-je, mon petit amant ; n'est-il pas bien joli ?

On vit bien que c'étoit une fille ; elle remit son masque et me donna la main pour nous en aller. La petite Charlotte me servit d'écuyer pendant toute la soirée, et nous nous en aimions bien mieux ; elle s'en aperçut et me dit tendrement :

— Hélas ! madame, je m'aperçois que vous m'aimez davantage en justaucorps ; que ne m'est-il permis d'en porter toujours !

J'achetai dès le lendemain l'habit que j'avois loué pour elle et qui sembloit fait exprès ; je le fis mettre dans une armoire avec la perruque, les gants, la cravate et le chapeau, et lorsque mes voisines me vinrent voir, le hasard fit qu'on ouvrit cette armoire et qu'on vit cet habit ; aussitôt on se jeta dessus, et c'est ce que je demandois : on le mit à la petite fille, et la voilà redevenue un beau garçon.

Après la visite, elle voulut se déshabiller ; je ne voulus jamais le souffrir, et lui dis que je lui en faisois présent, qu'aussi bien je ne le mettrois jamais, et que, pour me le payer, je lui demandois seulement qu'elle le mît toutes les fois que mes voisines me feroient l'honneur de venir souper chez moi.

La tante de Charlotte, car elle n'avoit plus ni père ni mère, fit quelques façons, et puis se rendit, toutes les autres lui ayant protesté qu'elles feroient un pareil marché quand je voudrois. Ainsi j'eus le plaisir de l'avoir souvent garçon, et comme j'étois femme, cela faisoit le véritable mariage.

J'avois un cabinet au bout de mon jardin, et il y avoit une porte de derrière par où elle venoit me voir le plus souvent qu'elle pouvoit, et nous avions des signaux pour nous entendre. Quand elle étoit entrée dans le cabinet, je lui mettois une perruque afin de m'imaginer que c'étoit un garçon ; elle n'avoit pas de peine, de son côté, à s'imaginer que j'étois une femme ; ainsi tous deux contents, nous avions bien du plaisir.

J'avois dans mon cabinet beaucoup de beaux portraits ; je proposai à mes deux jeunes voisines de les faire peindre, mais à condition que Charlotte seroit peinte en cavalier. Sa tante qui mouroit d'envie d'avoir son portrait, y consentit ; je voulus en même temps me faire peindre en femme, afin de faire un regard avec ma petite amie ; je n'avois point de vanité, elle étoit bien plus belle que moi. Je fis venir monsieur de Troyes, qui nous peignit dans mon cabinet ; cela dura un mois, et quand les deux portraits furent faits, et dans de belles bordures, on les pendit dans mon cabinet l'un auprès de l'autre, et chacun disoit: « Voilà un beau couple; il faudroit les marier, ils s'aimeroient bien. » Mes voisins et voisines rioient en disant cela et ne croyoient pas si bien dire; les mères, en mille ans, ne se seroient pas défiées de moi, et je crois, — Dieu me veuille pardonner ! — que sans aucun scrupule elles m'auroient laissé coucher avec leurs filles ; nous nous baisions à tous moments, sans qu'elles le trouvassent mauvais.

Une vie si douce fut troublée par la jalousie.

Mademoiselle *** — elle m'aimoit aussi, — s'aperçut bientôt que je ne l'aimois pas ; je ne me pressois pas de la faire peindre ; elle observa sa compagne, et la vit entrer dans mon cabinet par la petite porte de derrière. Elle courut en avertir la tante qui d'abord voulut gronder sa nièce, mais la pauvre enfant lui parla avec tant de simplicité qu'elle n'en eut pas le courage.

— Ma chère tante, lui dit-elle en l'embrassant, il est bien vrai que Madame m'aime ; elle m'a fait cent petits présents, et peut faire ma fortune ; vous savez, ma chère tante, que nous ne sommes pas riches ; elle me prie de la venir voir toute seule dans son cabinet ; j'y ai été cinq ou six fois, mais à quoi croyez-vous que nous passions le temps? à habiller madame, qui veut aller faire quelque visite, à la coiffer, à mettre ses pendants d'oreilles et ses mouches, à parler de sa beauté. Je vous assure, ma chère tante, qu'elle ne songe qu'à cela ; je lui dis sans cesse , « Madame, que vous êtes belle aujourd'hui ! » elle m'embrasse là-dessus, et me dit : « Ma chère Charlotte, si tu pouvois toujours être habillée en garçon, je t'en aimerois bien mieux, et nous nous marierions ; il faut que nous trouvions le moyen de coucher ensemble sans que

Dieu y soit offensé. Ma famille n'y consentiroit jamais, mais nous pourrions faire un mariage de conscience. Si la tante veut venir demeurer avec moi, je lui donnerai un appartement dans ma maison, et ma table ; mais je veux que tu sois toujours habillée en garçon ; un de mes laquais te servira. » Voilà, ma chère tante, de quoi nous nous entretenons ; or, voyez vous-même, si cela arrivoit, si nous ne serions pas bien heureuses?

A ces douces paroles, la tante s'apaisa, et ma petite amie, pour mieux jouer son jeu, la mena au petit cabinet.

La première fois qu'elle y vint, je l'accablai d'amitiés, et lui offris de faire avec sa nièce une simple alliance fort innocente.

Elle dit qu'elle feroit tout ce que je voudrois.

Je fis donc préparer toutes choses pour faire la fête le jeudi gras. Je priai tous les parents de Charlotte ; elle avoit deux cousins germains, corroyeurs et tanneurs, leurs femmes et trois de leurs enfants ; tout cela vint souper chez moi. Je me parai de toutes mes pierreries et eus une robe neuve ; j'avois fait faire un habit neuf à la petite fille, que je fis appeler monsieur de Mauluy, du nom d'une terre de deux mille livres de rente, que je voulois lui donner.

Nous fîmes la cérémonie avant souper, afin de nous mieux réjouir toute la soirée ; j'avois une robe de moire d'argent et un petit bouquet de fleurs d'oranger derrière la tête comme la mariée ; je dis tout haut, devant tous les parents, que je prenois monsieur de Maulny ci-présent pour mon mari, et il dit qu'il prenoit madame de Sancy pour sa femme ; nous nous touchâmes dans la main, il me mit au doigt une petite bague d'argent, et nous nous baisâmes ; j'appelai aussitôt les corroyeurs mes cousins, et les corroyeuses mes cousines ; ils croyoient que je leur faisois beaucoup d'honneur.

Nous soupâmes ensuite fort bien, on se promena dans le jardin, on dansa aux chansons. Je fis des petits présents à la compagnie, des tabatières, des cravates brodées, des coiffes, des gants, des stinquerques ; je donnai à la tante une bague de cinquante louis, et quand tous les esprits furent bien disposés, mon valet de chambre, qui avoit le mot, vint dire tout haut qu'il étoit près de minuit ; chacun dit qu'il falloit coucher les mariés ; le lit étoit tout prêt et la chambre fort éclairée ; je me mis à ma toilette ; on me coiffa de nuit avec de belles cornettes et force rubans sur la tête ; on me mit au lit.

Monsieur de Maulny, à ma prière, s'étoit fait couper les cheveux en homme, de sorte qu'après que je fus couchée, il parut en robe de chambre, son bonnet de nuit à la main, et ses cheveux attachés par derrière avec un ruban de couleur feu ; il fit quelque façon pour se coucher, et puis se vint mettre auprès de moi.

Tous les parents vinrent nous baiser, la bonne tante nous tira le rideau, et chacun s'en alla chez soi. C'est alors que nous nous abandonnâmes à la joie, sans sortir des bornes de l'honnêteté ; ce qui est difficile à croire et ce qui est pourtant vrai.

Le lendemain de notre alliance ou de notre prétendu mariage, j'avois fait mettre à ma porte un écriteau à louer au deuxième étage ; la tante le loua et y vint demeurer avec Charlotte qui étoit toujours habillée en homme dans la maison, parce que cela me faisoit plaisir ; mes valets n'osoient pas la nommer autrement que monsieur de Maulny.

J'envoyois quelquefois le matin chercher des marchands pour me montrer des étoffes, afin qu'ils me vissent dans mon lit avec mon cher mari ; on nous apportoit devant eux des croûtes pour déjeuner, et nous nous donnions une petite marque d'amitié ; ensuite monsieur prenoit sa robe de chambre et s'alloit habiller dans son appartement, et je demeurois avec mes marchands à choisir mes étoffes. Il se trouve quelquefois des garçons qui ont de l'esprit et qui me parloient de la bonne mine et des grâces de monsieur de Maulny, quand il étoit sorti :

— Ne suis-je pas heureuse, leur disois-je, d'avoir un mari si bien fait et si doux? car il ne me contredit en rien ; aussi je l'aime de tout mon cœur.

— Madame, me répliquoient-ils, vous n'en méritez pas moins. Une belle dame demande un beau cavalier.

Au reste, notre maison étoit fort bien réglée ; à la réserve de la petite foiblesse que j'avois de vouloir passer pour femme, on ne me pouvoit rien reprocher.

J'allois tous les jours à la messe à pied, dans un des petits couvents qui sont autour de ma maison ; un laquais me portoit mes queues, et les autres un tabouret de velours noir pour m'agenouiller, et mon sac aux heures.

J'allois une fois la semaine avec monsieur le curé ou monsieur Garnier, visiter les pauvres honteux et leur faire des charités ; cela me faisoit connoître dans toute la paroisse, et j'entendois les porteuses d'eau et les fruitières qui disoient assez haut derrière nous :

— Voilà une bonne dame ; Dieu la bénisse !

— Pourquoi, disoit l'une un jour, quand elles sont si belles, a n'aiment qu'elles, a n'aiment point les pauvres?

Une autre fois, une vendeuse de pommes à qui j'achetai tout le devanteau pour le donner à une pauvre famille, me dit en joignant les mains :

— Dieu soit avec vous ! ma bonne dame, et vous conserve encore cinquante ans aussi fraîche que vous êtes !

Ces sortes de louanges naïves font grand plaisir, et même je m'aperçus que monsieur le curé n'y étoit pas insensible :

— Vous voyez, madame, me disoit-il, que Dieu récompense les bonnes œuvres par de petits plaisirs humains ; vous aimez un peu votre personne, il faut que vous en tombiez d'accord, et parce que vous faites des bonnes œuvres, vous en êtes récompensée par les acclamations du peuple, et nous sommes forcés d'applaudir nous-mêmes à ce que nous appellerions foiblesse dans un autre.

Nous achevions ainsi en discourant nos petites courses, et puis nous venions à la paroisse entendre la messe, et j'y retrouvois mes laquais à qui je donnois ordre de s'y trouver à une certaine heure pour me reconduire au logis.

Je hasardai un jour d'aller à la comédie avec mon cher Maulny et sa tante, mais je fus trop regardée, trop considérée ; vingt personnes par curiosité vinrent m'attendre à la porte lorsque nous remontâmes en carrosse. Quelques-uns furent assez insolents pour me faire des compliments sur ma beauté, à quoi je ne répondis que par une mine modeste et dédaigneuse ; mais je n'y retournai pas de longtemps, pour éviter scandale.

L'opéra n'est pas de même ; comme les places y sont chères et qu'on veut profiter du spectacle, chacun s'y tient en respect, et j'y ai été vingt fois sans qu'on m'ait jamais rien dit. Je pris alors la résolution de demeurer souvent dans ma maison, ou du moins dans mon quartier du faubourg, où je pouvois faire tout ce qui me plaisoit sans qu'on y trouvât à redire.

Il m'arriva un petit accident en me promenant dans mon jardin. Je me donnai une entorse si violente qu'il me fallut garder le lit huit ou dix jours, et la chambre plus de trois semaines.

Je tâchai de m'amuser ; mon appartement étoit magnifique, mon lit étoit de damas cramoisi et blanc, la tapisserie, les rideaux des fenêtres et les portières de même, un grand trumeau de glace, trois grands miroirs, une glace sur la cheminée, des porcelaines, des cabinets du Japon, quelques tableaux à bordures dorées, la cheminée de marbre blanc, un chandelier de cristal, sept ou huit plaques où, le soir, on allumoit des bougies ; mon lit étoit à la duchesse, les rideaux rattachés avec des rubans de taffetas blanc ; mes draps étoient à dentelles, trois gros oreillers, et trois ou quatre petits attachés dans les coins avec des rubans couleur de feu. J'étois ordinairement à mon séant avec un corset de Marseille et une échelle de rubans noirs, une cravate de mousseline et un gros nœud de rubans sous le col, une petite perruque fort poudrée qui laissoit voir mes pendants d'oreilles de diamants, cinq ou six mouches et beaucoup de gaieté, parce que je n'étois point malade.

Mes voisins et mes voisines me tenoient compagnie toutes les après-dînées, et j'en retenois les soirs cinq ou six à souper ; j'avois quelquefois de la musique, et jamais de jeu, je ne pouvois pas souffrir les cartes ; je reçus en cet état beaucoup de visites, et chacun me faisoit compliment sur mon ajustement, où l'on ne trouva rien que de modeste, car il est bon de remarquer que je ne portois jamais que des rubans noirs.

Dès que mon pied fut un peu remis, je me levai et passai les journées sur un canapé avec des robes de chambre plus propres que magnifiques.

On ne laissa pas d'aller conter à monsieur le cardinal que j'avois des robes toutes d'or, toutes couvertes de rubans couleur de feu, avec des mouches et des pendants d'oreilles de diamants brillants, et que j'allois ainsi parée et ajustée à la grand'messe de ma paroisse, où je donnois des distractions à tous ceux qui me voyoient.

Son Éminence, qui veut que tout soit dans l'ordre, envoya un abbé de mes amis, en qui il avoit confiance, me rendre visite pour voir ce qui en étoit ; il me le dit avec amitié et m'assura qu'il diroit à son Éminence que mon habillement n'étoit que propre et point magnifique, que ma robe étoit noire avec des petites fleurs d'or qu'à peine on voyoit, et doublée de satin noir ; que j'avois des boucles d'oreilles de diamants brillants assez beaux, et trois ou quatre petites mouches ; qu'il m'avoit justement trouvé dans le temps que j'allois à la messe, et qu'enfin c'étoit pure médisance que ce qu'on lui avoit rapporté.

Ainsi je demeurai tranquille et continuai à passer une vie fort agréable. On ne laissa pas de faire des chansons sur moi, et je les laissai chanter. J'ai même envie d'en rapporter ici quelques couplets. Les voici :

Sur l'air : *Votre jeu fait beaucoup de bruit*

Sancy, au faubourg Saint-Marceau,
Est habillé comme une fille ;
Il ne paroîtroit pas si beau,
S'il étoit encor dans la ville.
Il est aimable, il est galant :
Il aura bientôt des amants.

Tout le peuple de Saint-Médard
Admire comme une merveille
Ses robes d'or et de brocard,
Ses mouches, ses pendants d'oreille,
Son teint vif et ses yeux brillants :
Il aura bientôt des amants.

Qu'on a de plaisir à le voir
Dans un ajustement extrême,
A la main son petit miroir
Dont il s'idolâtre lui-même,
Sa douceur, ses airs complaisants :
Il aura bientôt des amants.

Il est étalé dans son banc,
Ainsi qu'une jeune épousée
Qui cherche à voir en se mirant
Si ses mouches sont bien placées ;
Il voudroit plaire à tous venants :
Il aura bientôt des amants.

Quand il rendit le pain béni,
Il n'épargna pas la dépense,
Sans faire la chose à demi,
Il montra sa magnificence,
Curé, bedeaux furent contents :
Il aura bientôt des amants.

Les quêteuses ne manquoint pas
De lui présenter leur requête,
Elles disoient à demi-bas :
Madame est l'honneur de la fête.
Il avaloit tous leurs encens :
Il aura bientôt des amants.

Il ne sauroit rien refuser
Pourvu qu'on l'appelle madame,
Pourvu qu'on daigne l'encenser,
Il donneroit jusqu'à son âme,
Il aime à faire des présents :
Il aura bientôt des amants.

Il rassemble dans sa maison
Et le berger et la bergère,
On y trouve tout à foison,
La musique et la bonne chère,

Des tabatières et des gants :
Il aura bientôt des amants.

Chez lui sans qu'il en coûte rien,
On peut mettre à la loterie,
Tout ce qu'il fait, il le fait bien,
Il veut qu'on chante, il veut qu'on rie,
Il songe à nous rendre contents :
Il aura bientôt des amants.

N'a-t-il pas lieu d'être content
Du parti qu'il a bien su prendre ?
Puisque son visage y consent,
Quel compte nous en doit-il rendre ?
Il a mille et mille agréments :
Il aura bientôt des amants.

S'il est foible sur sa beauté,
S'il se croit être l'amour même,
Il faut dire la vérité,
Il mérite d'ailleurs qu'on l'aime ;
Il a des vertus, des talents :
Il aura bientôt des amants.

Il aime les pauvres honteux,
Il les cherche au troisième étage ;
Notre curé se trouve heureux
De le suivre dans ce voyage ;
Il caresse jusqu'aux enfants :
Il aura bientôt des amants.

II

LES AMOURS DE M. DE MAULNY. — RUPTURE. — MADEMOISELLE DANY.

J'avois bien du plaisir, mais à dire la vérité, nous en fîmes un peu trop ; on nous voyoit tous les jours, monsieur de Maulny et moi, à la comédie, à l'opéra, au bal, aux promenades, aux Cours, et même aux Tuileries, et j'entendis plus d'une fois des gens qui disoient, en nous voyant passer : « La femme est bien faite, mais le mari est bien plus beau. » Cela ne me fâchoit pas.

J'y rencontrai un jour monsieur de Caumartin, qui est mon neveu ; il se promena longtemps avec nous, mais le lendemain il me vint voir et me représenta assez vivement que je me donnois trop en spectacle. Il n'eut d'autres réponses sinon que je lui étois obligé.

Monsieur le curé, à qui sans doute mes parents avoient parlé, me parla aussi, et ne fut pas mieux écouté.

On m'écrivit aussi des lettres anonymes dont je ne fis pas plus de cas ; en voici une que je gardai pour faire voir comment s'y prennent les gens d'esprit pour donner des avis :

LETTRE

« Je n'ai point l'honneur, madame, d'être connue de vous, mais je vous vois souvent à l'église, et même dans des maisons particulières. Je sais tout le bien, toutes les charités que vous faites dans notre paroisse j'avoue que vous êtes belle, et ne m'étonne pas que vous aimiez les ajustements des femmes, qui vous conviennent extrêmement ; mais je ne puis vous passer l'alliance, j'ose dire scandaleuse, que vous avez faite, à la face du soleil et de notre curé, avec une demoiselle notre voisine, que vous faites habiller en homme pour avoir plus de ragoût avec elle. Encore si vous cachiez votre faiblesse, mais vous en triomphez : on vous voit dans votre carrosse aux promenades publiques avec votre prétendu mari, et je ne désespère pas qu'un de ces jours, vous ne jouiez la femme grosse. Songez-y, ma chère dame, rentrez en vous-même ; je veux croire que vous êtes dans l'innocence, mais on juge sur les apparences, et quand on voit que ce petit mari loge chez vous et qu'il n'y a qu'un lit dans votre chambre, où vos amis vous voient tous les jours couchés ensemble, comme le mari et la femme, est-ce faire une médisance que de croire que vous ne vous refusez rien l'un à l'autre ? On ne trouve point à redire que vous soyez habillé en femme, cela ne fait mal à personne ; soyez coquette, j'y consens, mais ne couchez pas avec une personne que vous n'avez point épousée ; cela choque toutes les règles de la bienséance, et quand il n'y aurait point d'offense envers Dieu, il y en aurait toujours devant les hommes. Au reste, ma belle dame, n'attribuez point ma remontrance à une humeur chagrine, c'est pure amitié pour vous, on ne peut pas vous voir sans vous aimer. »

Je relus cette lettre plusieurs fois, et j'en fis mon profit ; si toutes les remontrances étoient aussi bien assaisonnées, on en profiteroit plus qu'on ne fait ; je ne sortis plus au grand jour et gardai plus de mesures qu'auparavant.

Je l'aimois toujours, et nous ne nous serions jamais séparés sans l'aventure que je vais raconter.

Un bourgeois fort riche qui savoit bien que monsieur de Maulny étoit une fille et que je n'avois jamais attaqué son honneur parce que je ne songeois qu'à ma beauté, en devint amoureux et la fit demander en mariage. Il avoit une charge de mouleur de bois et plus de cent mille francs de bien : il offrit de tout donner par contrat de mariage.

Monsieur le curé m'en vint parler, sa tante pleura en me conjurant de ne point empêcher la fortune de sa nièce, et tout d'un coup je la vois s'habiller en fille et assez gaie ; cela ne lui déplut pas.

Elle avoit conté sans doute tout ce qui se passoit entre nous, et on lui avoit dit qu'un véritable mari lui donneroit bien d'autres plaisirs que moi qui ne faisois que la caresser et la baiser.

Je consentis à son mariage, je lui renvoyai toutes ses lettres et lui fis beaucoup de présents ; mais dès que la noce fut faite, je ne la vis plus ; je n'ai jamais pu souffrir les femmes mariées. Je tombai dans un grand chagrin ; cela ne pouvoit pas durer, je suis fort pour la joie, et la Providence m'en envoya bientôt un nouveau sujet.

Je passois chez madame Durier, ma lingère, auprès de la Doctrine chrétienne, pour lui commander quelque chose, et j'y vis une fille qui me parut fort jolie ; elle n'avoit pas plus de quinze ans, le teint beau, la bouche vermeille, les dents belles, les yeux noirs et vifs. Je demandai à ma lingère depuis quand elle avoit cette petite fille-là? Elle me dit que ce n'étoit que depuis quinze jours, qu'elle étoit orpheline, qu'elle l'avoit prise par charité, et que c'étoit sa seconde fille de boutique.

Quatre jours après, je m'y arrêtai en passant ; on me dit que mon linge n'étoit pas encore prêt. Je revis la petite fille et la trouvai encore plus jolie.

Le dimanche suivant, on me dit à 9 heures (je venois de m'éveiller) que madame Durier m'envoyoit mon linge par une de ses filles ; je la vis entrer et reconnus que c'étoit la petite fille. Madame Durier avoit bien vu qu'elle ne me déplaisoit pas. Je la fis approcher de mon lit, et lui dis de déployer sa marchandise, ce qu'elle fit de fort bonne grâce ; je lui dis ensuite :

— Ma petite amie, approchez-vous que je vous baise.

Elle fit une profonde révérence, s'approcha et me présenta son petit bec que je baisai trois ou quatre fois.

— Seriez-vous bien aise, lui dis-je, si je voulois bien vous mettre auprès de moi dans mon dodo?

— Ce me seroit bien de l'honneur, madame,

me répondit-elle : la pauvre enfant croyoit que j'étois une femme.

Je la renvoyai, et dis le lendemain à sa maîtresse que je voulois payer son apprentissage, et je lui donnai pour cela quatre cents francs. La joie de la petite Babet ne se peut point exprimer.

— Envoyez-la moi ce soir, dis-je à sa maîtresse, elle soupera avec moi ; je veux un peu examiner comment elle est faite, avant de lui faire plus de bien.

Le même soir, je vis arriver la maîtresse avec la petite fille ; la maîtresse vouloit s'en aller, mais je la retins ; nous soupâmes tous trois. Babet n'avoit jamais mangé de perdreaux, et sa maîtresse n'en mangeoit pas souvent.

Après souper, mes gens sortirent, et je dis à la lingère :

— J'ai de l'inclination pour Babet, mais avant de m'y attacher tout à fait, je veux un peu voir comme elle est faite.

Je la fis approcher, je regardai ses dents, sa gorge qui commençoit à figurer ; ses bras étoient un peu maigres.

— Madame, me dit la lingère, gardez Babet cette nuit ; faites-la coucher auprès de vous, je vous réponds qu'elle est fort propre, elle couche avec moi ; vous examinerez à loisir comme elle est faite.

Je trouvai qu'elle parloit bien, je gardai Babet, et envoyai un laquais quérir ses cornettes qui étoient bien simples (elle en eut bientôt de plus belles).

J'avois chez moi une vieille demoiselle qui avoit été à ma mère, et à qui je payois une pension de cent écus ; je la fis venir :

— Mademoiselle, lui dis-je, voilà une fille qu'on veut me donner pour femme de chambre, mais je veux savoir auparavant si elle est bien propre. Examinez-la depuis la tête jusques aux pieds.

Elle n'en fit pas à deux fois et mit la petite fille nue comme la main (nous n'étions que nous trois) ; elle lui jeta seulement une robe de chambre sur les épaules. Je n'ai jamais vu un plus joli corps : une taille droite, de petites hanches, une gorge naissante blanche comme neige ; elle lui remit sa chemise, et je lui dis :

— Ma mignonne, couchez-vous dans mon lit.

Je me mis à ma toilette et fus bientôt couchée ; j'avois bien envie d'embrasser le petit bouchon.

— Madame, me dit la vieille demoiselle, dans deux ans, ce sera la plus jolie personne de Paris.

Je la baisai trois ou quatre fois avec grand plaisir, je la mis tout entière entre mes jambes, et la caressai fort : elle n'osoit dans les commencements répondre à mes caresses, mais bientôt elle s'enhardit, et j'étois quelquefois obligé de lui dire de me laisser en repos.

J'envoyai quérir madame Durier et lui dis que je prenois Babet pour ma femme de chambre, que je voulois pourtant qu'elle apprît le métier de lingère, que trois jours par semaine elle iroit travailler à la boutique, et que les trois autres jours elle demeureroit chez moi, et iroit apprendre à coiffer ; qu'elle lui donnât à dîner, mais que tous les soirs elle la renvoyât coucher au logis ; cela fut exécuté fidèlement.

Je fis faire à Babet des habits un peu plus propres et quantité de linge. Mais bientôt je l'aimai de tout mon cœur ; elle me suivoit partout, dans les visites et à l'église, et partout on la trouvoit fort jolie, un petit air fin et fort modeste.

Mon amitié pour elle augmentant à vue d'œil, je ne pus m'empêcher de lui faire faire des habits magnifiques et le plus beau linge de Paris ; j'achetai pour elle, chez monsieur Lambert, joaillier, des boucles d'oreilles de diamants brillants, qui me coûtèrent huit cent cinquante livres ; je la fis coiffer avec des rubans argent et bleu, je lui mis toujours sept ou huit petites mouches ; enfin on vit bien qu'elle n'étoit plus sur le pied de femme de chambre, aussi en pris-je une qui étoit plus occupée après elle qu'après moi. Je lui demandai son nom de famille, qui se trouva assez joli ; je la fis appeler Mademoiselle Dany, et on ne parla plus de Babet.

Qui pourroit exprimer sa joie quand elle se vit ainsi fêtée ! Elle m'en avoit toute l'obligation, et m'en témoignoit à tout moment sa reconnoissance. Je la menois dans mon banc à Saint-Médard et la faisois asseoir auprès de moi, pour marquer le cas que j'en faisois ; enfin cela alla si loin que j'aimois mieux qu'elle fût parée que moi, et sans elle, j'eusse négligé mon ajustement, mais elle en avoit assez de soin et ne songeoit qu'à me mettre quelque chose qui m'embellît.

Mademoiselle Dany me rendit bientôt toute ma belle humeur, et je recommençai à donner à souper à mes voisines ; je priai un soir monsieur le curé, monsieur Garnier mon confesseur, monsieur Renard et sa femme, madame Dupuis et sa fille aînée ; la cadette, qui avoit eu quelque inclination pour moi, avoit épousé un jeune homme qui avoit eu une commission auprès de Lille, où elle étoit allée avec lui.

Quand on me servit le souper, nous nous mîmes à table, mais monsieur Renard n'ayant point vu mademoiselle Dany, me demanda où elle étoit : je lui dis qu'elle souperoit dans sa chambre ; tout le monde me pria de la faire venir ; ils savoient bien que c'étoit me faire plaisir ; je lui mandai de descendre ; elle parut aussitôt, belle comme un petit ange ; sa jupe et son manteau étoient de moire d'argent, la tête chargée de rubans couleur de feu, la gorge fort découverte, point de collier de perles, parce qu'elle avoit le col fort beau ; je lui avois dit de mettre mes belles boucles d'oreilles et quinze ou seize mouches ; je me doutois bien que, quand on ne la verroit point, on la demanderoit.

On se récria sur sa beauté ; elle se mit à table et nous soupâmes ; quand on eut fini, mademoiselle Dupuis tira de sa poche de grosses dragées, compta par ses doigts que nous étions huit, et me pria d'en choisir huit, ce que je fis.

— Il faut, madame, me dit-elle, que la plus innocente de la compagnie les distribue à sa fantaisie.

On donna la commission à Mademoiselle Dany qui nous en donna à chacun une au hasard.

— Oh! rompez-les, dit mademoiselle Dupuis, et vous y trouverez une petite sentence.

On le fit ; il y avoit : *Je n'aime rien ; j'aime le bon vin* ; la petite eut : *A qui donnerai-je mon cœur?*

— Oh! s'écria-t-elle, il est tout donné.

— Et à qui? lui dit-on.

Elle me regarda tendrement et ne répondit point. On trouva cela fort joli : je l'appelai et la baisai.

— Et moi, mignonne, je vous donne le mien.

Monsieur Renard qui étoit auprès de moi, lui fit place, et le reste du souper elle ne me quitta pas ; je l'agaçai pour la faire parler :

— On dit que vous êtes jolie, qu'en pensez-vous?

— Mon miroir m'en dit quelque chose, dit-elle, mais ce qui me le fait croire, c'est que la belle dame m'a donné son cœur.

— Seriez-vous bien fâchée, ajoutai-je, si vous aviez la petite vérole?

— Au désespoir, madame, vous ne m'aimeriez plus !

— Et moi, mignonne, si je l'avois, ne m'aimeriez-vous plus ?

— Ce n'est pas de même, répondit-elle ; vous avez tant d'esprit, ma belle dame, et tant de bonté, que quand vous deviendriez aussi laide que Marguerite (c'étoit ma cuisinière), on vous aimeroit toujours.

Ces petites réponses vives firent plaisir à la compagnie, et je la baisai de bon cœur ; on apporta d'excellent ratafia, la bouteille fut bientôt vide, j'en pris dans un petit verre et j'en renvoyois la moitié, quand la petite prit le verre des mains du laquais, et me demanda par un petit signe la permission de le boire.

— Voilà une petite personne bien aimable, dit mademoiselle Renard ; je ne m'étonne pas que madame l'aime tant.

— Hélas ! lui répondis-je, je l'aime comme ma petite sœur ; nous couchons ensemble, nous nous baisons, et nous dormons.

— Oh ! madame, dit monsieur le curé, nous sommes persuadés de votre sagesse.

— J'en suis caution, dit monsieur Garnier ; vous avez raison, madame, d'aimer mademoiselle Dany, mais permettez-moi de vous dire qu'elle montre trop sa gorge.

— Eh bien ! monsieur, lui dis-je, je vais lui mettre une stinquerque.

Tout le monde s'y opposa, en disant que ce n'étoit point la mode, mais je ne laissai pas de dire à monsieur le curé que quand je la menerois à l'église, elle auroit toujours une stinquerque. Je lui tins ma parole, mais la stinquerque étoit si étroite qu'elle ne cachoit rien, et souvent je prenois le prétexte de la raccommoder afin de pouvoir toucher à sa gorge devant tout le monde.

On se leva de table, on parla de nouvelles. Monsieur Garnier conta une histoire du quartier assez plaisante, d'un mari qui, en revenant le soir de la campagne, avoit trouvé dans le lit de sa femme une personne avec un bonnet de nuit d'homme, et il se trouva que c'étoit sa sœur.

Cependant mademoiselle Dany étoit allée par mon ordre se déshabiller, et s'étoit venue mettre dans mon lit par la petite ruelle, sans qu'on l'eût vue ; minuit sonna à ma pendule, chacun se leva pour s'en aller ; mais en passant auprès de mon lit, mademoiselle Renard y aperçut la petite Dany, et prit une bougie pour la faire voir ; elle étoit quasi à son séant, de belles cornettes avec des rubans couleur de feu, une chemise avec des dentelles, échancrée fort bas, en sorte qu'on voyoit entièrement sa gorge qui, assurément, n'étoit point pendante ; c'étoient deux petites pommes bien blanches, dont on voyoit le tour, avec un petit bouton de rose au milieu de chacune ; elle y avoit mis une grande mouche ronde, pour les faire paroître encore plus blanches ; je lui avois dit de ne point ôter ses boucles d'oreilles ni ses mouches ; c'étoit en été, il faisoit chaud, et quoiqu'elle fût fort découverte, elle n'avoit pas peur de s'enrhumer ; toute la compagnie la baisa.

— Allons-nous-en, dit mademoiselle Dupuis, et laissons coucher madame avec cette belle enfant.

J'appelai mes gens qui allumèrent un flambeau et reconduisirent monsieur le curé et monsieur Garnier ; monsieur Renard et sa femme n'avoient que le ruisseau à passer ; mademoiselle Dupuis et sa fille qui demeuroient à l'Estrapade, attendirent que mes gens fussent revenus.

Je me déshabillai devant elles, mis mes cornettes, et me couchai ; je pris d'abord mon enfant entre mes bras, et la baisai trois ou quatre fois ; je n'oubliai pas sa gorge ; je la mis ensuite dans la belle ruelle, afin que mademoiselle Dupuis la vît plus à son aise ; je relevai sa chemise par derrière, et me collai contre son petit corps, en mettant ma main droite sur sa gorge ; je l'avois instruite, elle se tenoit sur le dos et tournoit la tête du côté gauche, afin de me donner un prétexte de m'avancer sur elle en faisant semblant de la vouloir baiser.

— Voyez, mademoiselle, dis-je à mademoiselle Dupuis, voyez la petite ingrate qui ne veut pas que je la baise !

Et, cependant, j'avançois toujours sur elle ; enfin, quand je fus bien, elle tourna un peu le visage et me donna son petit bec ; je la baisai avec un plaisir incroyable, sans changer de place, voulant y revenir à plusieurs fois.

— M'aimes-tu, mon petit cœur ? lui dis-je.

— Hélas ! oui, madame.

— Appelle-moi mon petit mari ou ma petite femme.

— J'aime mieux, dit-elle, mon petit mari.

Je recommençai à la baiser, nos bouches ne pouvoient pas se quitter, lorsque tout d'un coup elle s'écria :

— Que je suis aise, mon cher petit mari, le petit mari de mon cœur !

J'étois bien aussi aise qu'elle, mais je ne disois mot ; enfin je me remis sur le dos, et nous demeurâmes quelques moments à ne rien dire et à jeter de grands soupirs.

— Avouez, me dit alors mademoiselle Dupuis, avouez que vous aimez bien mademoiselle Dany.

— N'ai-je pas raison, et n'est-elle pas bien aimable, et ne suis-je pas bien heureuse de pouvoir l'aimer innocemment, sans offenser ni Dieu ni les hommes ? Vous avez bien ouï tantôt ce qu'a dit monsieur Garnier : je ne lui cache rien, et il veut bien être ma caution.

On vint avertir que mes gens étoient revenus ; les demoiselles s'en allèrent, et nous nous endormîmes jusqu'à 11 heures et demie, qu'on nous éveillât pour aller à la messe. Il étoit fête, nous n'eûmes que le temps de mettre nos jupes, une robe ballante et des coiffes.

Nous vivions contents, lorsqu'il arriva encore un petit orage du côté de monsieur le cardinal. Le supérieur du séminaire des vieux prêtres, qu'on venoit d'établir dans le faubourg Saint-Marceau, lui alla conter que j'étois tous les jours dans mon banc, si parée, si ajustée, si belle, avec tant de rubans et de diamants, qu'il n'osoit y mener ses séminaristes.

C'étoit mademoiselle Dany qui en était la cause; le bon supérieur, qui ne voit pas trop clair, l'avoit prise pour moi, et la voyant avec des habits fort brillants d'or et d'argent, il avoit cru en conscience en devoir avertir monsieur le cardinal.

Monsieur le curé fut mandé et interrogé, et répondit qu'il n'y avoit rien de nouveau, et que j'allois tous les jours à l'église fort modestement, et que sans doute on avoit pris mademoiselle Dany pour moi. Il me conseilla pourtant d'aller voir monsieur le cardinal, de m'habiller à l'ordinaire, et d'y mener mademoiselle Dany fort parée.

J'y allai un jour d'audience, j'avois ma robe noire, une jupe aussi noire, je cachai mon corps de moire d'argent, une cravate de mousseline, ma perruque avec peu de poudre, de petites boucles d'or aux oreilles, et des emplâtres de velours aux tempes.

Mademoiselle Dany, en récompense, étoit fort ajustée, un habit d'une étoffe d'or à fleurs naturelles, bien coiffée, mes boucles de diamants brillants, sept ou huit mouches. Nous demeurâmes dans une antichambre jusqu'à ce que monsieur le cardinal y vînt ; en reconduisant madame la duchesse d'Estrées, il m'aperçut et vint à moi.

— Monseigneur, lui dis-je, je viens me justifier ; ayez la bonté de regarder mon habillement ; je ne vais pas autrement à Saint-Médard ; si vous ne me trouvez pas bien, j'y changerai ce qu'il plaira à Votre Éminence.

— Vous êtes fort bien, me dit-il, après m'avoir bien examinée, et je vois bien que l'on vous a pris pour cette belle demoiselle-là.

Il me demanda à qui elle étoit, et je lui contai sa fortune. Il loua ma charité, et m'exhorta à avoir soin d'elle.

— Mademoiselle, lui dit-il gracieusement, soyez aussi sage que vous êtes belle.

Et il alla donner audience à d'autres personnes ; nous nous en allâmes et fûmes bien regardées par deux cents moines qui étoient dans les antichambres. Monsieur le curé de Saint-Médard m'attendoit dans la salle, je lui contai la réception que monsieur le cardinal nous avoit faite; il entra plus avant, et me dit le lendemain que monsieur le cardinal lui avoit dit qu'il m'avoit vue habillée fort modestement, et qu'il étoit content, mais qu'il avoit oublié de me remercier de toutes les charités que je faisois dans la paroisse.

On peut juger que cela me fit un grand plaisir ; je retournai trois mois après à son audience, à la prière de monsieur le curé, pour lui proposer un nouvel établissement pour vingt orphelins de la paroisse ; j'offrois de louer la maison et de leur donner cinq cents livres par an ; plusieurs femmes de tanneurs qui sont riches, offroient des sommes considérables ; il m'écouta et me promit de venir sur les lieux examiner la chose.

J'étois venue toute seule sans la petite Dany. Le saint cardinal en fut peut-être fâché, et me dit que je devenois coquette, mais qu'il me le pardonnoit à cause des bonnes œuvres que je faisois.

Il s'étoit peut-être aperçu que je montrois mon corps de moire d'argent, qu'il n'avoit point vu l'autre fois, et que j'avois de plus beaux pendants d'oreilles et sept ou huit mouches. Je devins rouge comme du feu.

— Au moins, me dit-il tout bas, si vous êtes coquette, vous êtes modeste ; l'un passera pour l'autre.

Je lui fis une profonde révérence, et m'en allai.

Il vint quinze jours après à Saint-Médard ; monsieur le curé m'en avertit, je me rendis à la descente de son carrosse.

Il voulut bien aller à pied visiter la maison que je voulois louer pour les petits orphelins, et la trouva commode ; il fit deux rues à pied, et s'étant aperçu que ma robe et mes jupes traînoient à terre, il voulut absolument qu'un de mes laquais prît mes queues, quoique je m'en défendisse par respect.

Je n'étois pas tombée dans la même faute qu'à sa dernière audience, et je n'avois ni mouches ni pendants d'oreilles.

— Monseigneur, répondis-je, j'attendois Votre Éminence.

Il se mit à rire, et ne laissa pas de louer fort mon habillement.

— Il seroit à souhaiter, dit-il tout haut, que toutes les dames fussent habillées aussi modestement.

Il y en avoit là plus d'une qui pensoient en elles-mêmes que quand il n'y étoit pas je faisois un peu plus la belle. L'établissement des orphelins réussit et va fort bien.

Peut-on s'imaginer que quelque chose eût pu troubler une vie si délicieuse ? Ce fut monsieur Mansard, surintendant des bâtiments, qui, par amitié, vint m'avertir que cinq ou six personnes avoient demandé mon appartement au Luxembourg, en disant au roi que je ne m'en souciois point, et que j'avois une maison au faubourg Saint-Marceau, où je demeurois toujours, qu'il m'avoit défendu plusieurs fois, mais qu'à la fin il succomberoit, à moins que je ne revinsse loger au Luxembourg.

Je l'ai cru, et m'en suis bien repentie depuis ; je revins dans cette malheureuse maison et j'allai le soir chez monsieur Terrac, où l'on joue continuellement ; je rejouai et perdis des sommes immenses, je perdis tout mon argent et ensuite mes pendants d'oreilles et mes bagues ; il n'y eut plus moyen de faire la belle.

La rage me prit, je vendis ma maison du faubourg Saint-Marceau, je la perdis ; je ne songeai plus à m'habiller en femme, et m'en allai voyager pour cacher ma misère et ma honte, et tâcher de dissiper mon chagrin.

Je mis avant que de partir la pauvre petite Dany dans une communauté où elle se conduisit à merveille ; elle se fit deux ans après religieuse, et je payai sa dot.

III

LES INTRIGUES DE L'ABBÉ AVEC LES PETITES ACTRICES MONTFLEURY ET MONDORY (1)

Je ne doute point, madame, que l'histoire de la marquise de Banneville ne vous ait fait plaisir : j'ai été ravie de me voir en quelque façon autorisée par l'exemple d'une personne si aimable ; j'avoue pourtant que son exemple ne

---

(1) Il y a certainement entre ce chapitre et le précédent une lacune causée par la destruction d'un des fragments du manuscrit original. C'est l'introduction d'un personnage épisodique, la marquise-marquis de Banneville dont le caractère a dû se développer dans des pages qu'on n'a pas retrouvées.

doit pas tirer à conséquence. La petite marquise pouvoit bien faire des choses qui m'étoient défendues, sa prodigieuse beauté la mettant à l'abri de tout. Mais pour revenir à mes aventures particulières, nous demeurâmes encore cinq ou six jours à la campagne ; il fallut enfin la quitter pour retourner à Paris et au palais. La présidente ramena la petite Montfleury à son père, et lui fit promettre de l'envoyer quelquefois souper chez elle, et coucher quand il seroit trop tard. Cela arrivoit souvent : le carrosse de la présidente la ramenoit le lendemain matin, et il n'y paroissoit pas.

Cependant le marquis de Carbon qui avoit fait ses affaires dans ses terres, revint à Paris et me vint chercher en arrivant. Il étoit 7 heures du soir ; il trouva dans la cour monsieur le président qui rentroit chez lui ; ils se firent bien des compliments ; le président aimoit le marquis.

— Vous venez voir ma nièce, lui dit-il, elle est plus jolie que jamais ; elle est avec ma femme, je vais vous présenter.

Ils montèrent ensemble ; le marquis salua la présidente et me fit aussi cet honneur-là. On commença une belle conversation qui dura jusqu'à ce que monsieur le président vînt annoncer que le souper étoit servi, et prier le marquis d'en être. Il ne se fit pas prier, mais il se repentit d'être demeuré lorsqu'il vit arriver mademoiselle de Mondory que le président avoit envoyé chercher dans son carrosse pour souper au logis. La jalousie du marquis se réveilla ; il faisoit ce qu'il pouvoit pour paroître de bonne humeur, mais je lisois dans son cœur, tout étoit forcé en lui, et de temps en temps il me jetoit des regards de tendresse, de dépit, et quelquefois de colère. La petite Mondory triomphoit et m'accabloit de caresses.

— Allons, mademoiselle, me disoit-elle malicieusement, il est tard, allons dans notre chambre, il faut nous friser pour demain.

Le marquis n'y put tenir davantage ; ce qu'il voyoit le mettoit au désespoir, il s'approcha de mon oreille, et me dit tout bas :

— Je vous laisse avec votre comédienne, je ne troublerai point vos plaisirs.

Il s'en alla brusquement ; j'eusse bien voulu l'adoucir par quelques petites paroles, je ne le voulois pas perdre, et mon cœur se gouvernoit à son ordinaire, il balançoit entre elle et lui.

Mais je fus véritablement touchée la première fois que nous allâmes à la comédie ; nous étions dans la première loge que le président avoit fait louer ; la présidente, une de ses amies, le marquis et moi étions au premier rang ; on joua *Venceslas*, pièce de Rotrou ; la petite Mondory y faisoit le premier rôle, mais quand elle me vit dans la loge, parée et contente auprès du marquis, elle se mit à pleurer si fort qu'à peine pouvoit-elle dire ses vers ; je me mis à pleurer aussi, voyant bien que c'étoit moi qui lui faisois verser tant de larmes. Le marquis s'en aperçut et me dit tout bas :

— Mademoiselle, vous l'aimez encore.

— Monsieur, lui répliquai-je, je n'irai jamais à la comédie.

Ma réponse le toucha, et sans me le dire, il alla prier mademoiselle de Mondory de me venir voir ; elle n'en voulut rien faire et se sauva derrière le théâtre, toujours pleurant ; elle feignit un mal de dents épouvantable.

Pour l'effacer entièrement de mon esprit, je résolus d'aller voyager tout de bon, pour dissiper mon chagrin, quitter, si je le pouvois, toutes mes petites enfances, qui commençoient à n'être plus de saison, et m'attacher à quelque chose de plus solide ; je n'étois plus dans cette grande jeunesse qui fait tout excuser, mais je pouvois encore passer pour femme, si j'eusse voulu. J'amassai donc le plus d'argent que je pus, remis mes affaires entre les mains du président, et partis pour l'Italie avec un justaucorps et une épée.

J'y ai demeuré dix ans, à Rome ou à Venise, et m'y suis abîmé dans le jeu. Une passion chasse l'autre, et celle du jeu est la première de toutes : l'amour et l'ambition s'émoussent en vieillissant, le jeu reverdit quand tout le reste se passe.

Adieu, madame, je vous conterai quand vous voudrez mes voyages d'Italie et d'Angleterre.

IV

LA COMTESSE DES BARRES (1)

Quand ma mère mourut, elle jouissoit de plus de vingt-cinq mille livres de rente ; elle avoit eu cinquante mille écus en mariage, quatre mille francs de douaire, qui faisoient un fonds de quatre-vingt mille francs, huit mille livres de pension d'un grand prince, et six mille francs d'une grande reine, son ancienne amie, et cependant elle ne laissa que douze cents francs d'argent comptant, des pierreries, des meubles, de

(1) L'ordre de ce chapitre est interverti, mais, à cause de nombreuses lacunes, nous ne saurions lui assigner sa véritable place.

la vaisselle d'argent, mais aussi elle ne devoit pas un sol.

Nous étions trois frères : j'étois le cadet ; l'aîné étoit intendant de province, le second avoit un régiment, et moi j'avois dix mille livres de rente de patrimoine, tant du côté de mon père que du côté d'une tante qui m'avoit fait son héritier, et quatorze mille livres de rente en bénéfices.

Je dis d'abord à mes frères que je voulois faire nos partages du bien de ma mère ; ils m'avoient fait émanciper, afin de n'avoir pas un tuteur incommode avec qui il eût fallu discuter toutes les affaires de la maison ; ils acceptèrent ma proposition, se doutant que je les traiterois bien.

Nous avions par nos partages à peu près soixante et dix mille francs du bien de ma mère ; je pris dans mon lot les pierreries pour vingt mille francs, pour huit mille francs de meubles et six mille francs de vaisselle d'argent. Cela faisoit trente-quatre mille francs ; il en restoit trente-six pour achever ma part ; je les abandonnai à mes frères, et tout ce qui étoit dû à ma mère, tant de ses pensions que de son douaire, ce qui montoit encore à plus de quarante mille francs. Nous fûmes tous trois contents.

J'étois ravi d'avoir de belles pierreries ; je

n'avois jamais eu que des boucles d'oreilles de deux cents pistoles et quelques bagues, au lieu que je me voyois des pendants d'oreilles de dix mille francs, une croix de diamants de cinq mille francs, et trois belles bagues. C'étoit de quoi me parer et faire la belle, car depuis mon enfance j'avois toujours aimé à m'habiller en fille, mon aventure de Bordeaux le prouve assez, et quoique j'eusse alors vingt-deux ans, mon visage ne s'y opposoit point encore.

Je n'avois point de barbe, on avoit eu soin, dès l'âge de cinq ou six ans, de me frotter tous les jours avec une certaine eau qui fait mourir le poil dans la racine, pourvu qu'on s'y prenne de bonne heure ; mes cheveux noirs faisoient paroître mon teint passable, quoique je ne l'eusse pas fort blanc.

Mon frère aîné étoit toujours dans les intendances, et l'autre à l'armée, même l'hiver. Monsieur de Turenne qui l'aimoit fort, lui faisoit donner de l'emploi toute l'année pour l'avancer. Une campagne d'hiver, où l'on n'hasarde point sa vie, avance plus que deux campagnes d'été, où l'on peut être tué à tout moment ; la raison en est bien aisée à trouver, c'est que la plupart des jeunes gens veulent venir passer l'hiver à Paris pour aller à la comédie, à l'opéra, et voir les dames ; il y en a peu qui sacrifient le plaisir à la fortune.

Je n'étois donc contraint de personne, et je m'abandonnai à mon penchant. Il arriva même que madame de La Fayette, que je voyois fort souvent, me voyant toujours fort ajusté avec des pendants d'oreilles et des mouches, me dit en bonne amie que ce n'étoit point la mode pour les hommes, et que je ferois bien mieux de m'habiller en femme.

Sur une si grande autorité, je me fis couper les cheveux pour être mieux coiffée, j'en avois prodigieusement, et il en falloit beaucoup en ce temps-là quand on ne vouloit rien emprunter ; on portoit sur le front de petites boucles, et de grosses aux deux côtés du visage et tout autour de la tête, avec un gros bourrelet de cheveux, cordonné avec des rubans ou des perles, si on en avoit.

J'avois assez d'habits de femme, je pris le plus beau, et allai rendre visite à madame de La Fayette, avec mes pendants d'oreilles, ma croix de diamants ; elle s'écria en me voyant :

— Ah ! la belle personne ! Vous avez donc suivi mon avis, et vous avez bien fait. Demandez plutôt à monsieur de la Rochefoucault (qui étoit alors dans sa chambre).

Ils me tournèrent et retournèrent, et furent fort contents.

Les femmes aiment qu'on suive leur avis, et madame de La Fayette se crut engagée à faire approuver dans le monde ce qu'elle m'avait conseillé, peut-être un peu légèrement. Cela me donna courage, et je continuai pendant deux mois à m'habiller tous les jours en femme ; j'allai partout faire des visites, à l'église, au sermon, à l'opéra, à la comédie, et il me sembloit qu'on y étoit accoutumé ; je me faisois nommer par mes laquais Madame de Sancy.

Je me fis peindre par Ferdinand, fameux peintre italien, qui fit de moi un portrait qu'on alloit voir ; enfin je contentai pleinement mon goût.

J'allois au Palais-Royal toutes les fois que Monsieur étoit à Paris ; il me faisoit mille amitiés, parce que nos inclinations étoient pareilles ; il eût bien souhaité pouvoir s'habiller aussi en femme, mais il n'osoit, à cause de sa dignité (les princes sont emprisonnés dans leur grandeur) ; il mettoit les soirs des cornettes, des pendants d'oreilles et des mouches, et se contemploit dans des miroirs.

Encensé par ses amants, il donnoit tous les ans un grand bal, le lundi gras. Il m'ordonna d'y venir en robe détroussée, à visage découvert, et chargea le chevalier de Pradine de me mener à la courante.

L'assemblée fut fort belle : il y avoit trente-quatre femmes parées de perles et de diamants. On me trouva assez bien, je dansois dans la dernière perfection et le bal étoit fait pour moi.

Monsieur le commença avec mademoiselle de Brancas qui étoit fort jolie (ç'a été depuis la princesse d'Harcourt), et un moment après il alla s'habiller en femme et revint au bal en masque. Tout le monde le connut, d'abord il ne cherchoit pas le mystère, et le chevalier de Lorraine lui donnoit la main ; il dansa le menuet, et alla s'asseoir au milieu de toutes les dames ; il se fit un peu prier avant que d'ôter son masque, il ne demandoit pas mieux et vouloit être vu. On ne sauroit dire à quel point il poussa la coquetterie en se mirant, en mettant des mouches, en les changeant de place, et peut-être que je fis encore pis ; les hommes, quand ils croient être beaux, sont une fois plus entêtés de leur beauté que les femmes.

Quoi qu'il en soit, ce bal me donna une grande réputation, et il me vint force amants, la plupart pour se divertir, quelques-uns de bonne foi.

Cette vie étoit délicieuse, lorsque la bizarrerie, ou pour mieux dire la brutalité de monsieur de Montausier me renversa tout.

Il avoit amené Monsieur le dauphin à Paris, à l'opéra, et l'avoit laissé dans une loge avec la duchesse d'Usez, sa fille, pour aller faire des visites dans la ville ; il n'aimoit pas la musique. L'opéra étoit commencé il y avoit une demi-heure, lorsque madame d'Usez m'aperçut dans une loge de l'autre côté du parterre, mes pendants d'oreilles brilloient d'un bout de la salle à l'autre; madame m'aimoit fort, elle eut envie de me voir de plus près, et m'envoya La..., qui étoit à monsieur le dauphin, me dire de la venir trouver ; j'y allai aussitôt, et l'on ne sauroit dire toutes les amitiés que le petit prince me fit ; il pouvoit avoir douze ans.

J'avois une robe blanche à fleurs d'or, dont les parements étoient de satin noir, des rubans couleur de rose, des diamants, des mouches. On me trouva assez jolie ; monseigneur voulut que je demeurasse dans sa loge, et me fit part de la collation qu'on lui servit ; j'étois à la joie de mon cœur.

Rabatjoie arriva ; monsieur de Montausier venoit de ses visites, d'abord madame d'Usez lui dit mon nom, et lui demanda s'il ne me trouvoit pas bien à son gré. Il me considéra quelque temps, et puis me dit :

— J'avoue, madame, ou mademoiselle (je ne sais pas comment il faut vous appeler), j'avoue que vous êtes belle, mais en vérité n'avez-vous point de honte de porter un pareil habillement et de faire la femme, puisque vous êtes assez heureux pour ne l'être pas? Allez, allez vous cacher, monsieur le dauphin vous trouve fort mal comme cela.

— Vous me pardonnerez, monsieur, reprit le petit prince, je la trouve belle comme un ange.

J'étois très fâchée, et je sortis de l'opéra sans retourner à ma loge, résolue de quitter tous ces ajustements qui m'avoient attiré une si fâcheuse réprimande ; mais il n'y eut pas moyen de m'y résoudre, je pris le parti d'aller demeurer trois ou quatre ans dans une province où je ne serois point connue, et où je pourrois faire la belle tant qu'il me plairoit.

Après avoir examiné la carte, je crus que la ville de Bourges me convenoit ; je n'y avois jamais été, ce n'étoit pas un passage pour aller à l'armée, et j'y pourrois faire ce qu'il me plairoit

Je voulus aller moi-même reconnoître les lieux ; je partis dans le carrosse de Bourges, avec un seul valet de chambre, nommé Bouju, qui étoit à moi depuis mon enfance. J'avois pris une perruque blonde, moi qui avois les cheveux noirs, afin que quand j'y retournerois personne ne me reconnût.

Nous arrivâmes à la meilleure hôtellerie, et dès le lendemain je promenai dans la ville que je trouvai assez à mon gré. Je m'informai s'il n'y avoit point de maison de campagne à vendre dans le voisinage ; on me dit que le château de Crespon étoit en décret, et qu'il appartenoit à un trésorier de France, nommé monsieur Gaillot.

J'allai voir la maison et trouvai un lieu charmant, une maison bâtie depuis vingt ans, qu'on vouloit vendre toute meublée, un parc de vingt arpents, des parterres, des potagers, des eaux plates, un petit bois, de bonnes murailles, et au bout du parc une grande grille de fer qui donnoit sur un ruisseau qui eût porté bateau s'il n'y avoit eu dessus plusieurs moulins où l'on venoit moudre, pour la plus grande partie, de la farine pour la ville de Bourges ; mais je remarquai que vis-à-vis du parc il y avoit une demi-lieue où il n'y avoit point de moulins, et que je pourrois y avoir une petite berge pour me promener.

Je fus charmée ; l'on me dit que le décret se poursuivoit au Châtelet de Paris ; je n'en voulus pas voir davantage et repartis pour Paris, impatient de me faire adjuger la seigneurie de Crespon ; il y avoit un gros village.

Dès que je fus arrivée, j'allai chercher les procureurs dont j'avois pris les noms et la demeure ; ils me dirent que la terre avoit été adjugée à vingt et un mille livres, et que pour y revenir il falloit tiercer, c'est-à-dire en donner vingt-huit mille livres.

On m'avoit assuré à Bourges qu'elle valoit plus de dix mille écus ; j'en avois envie, je tierçai, et fus envoyé en possession de la terre. Ce fut monsieur Acarel, mon homme d'affaires, qui la prit en son nom, et m'en fit le même jour une déclaration ; il partit quelques jours après pour en aller prendre possession ; je lui avois confié mon dessein.

Monsieur Gaillot le reçut à merveille, il gagnoit sept mille francs à quoi il ne s'attendoit pas. Monsieur Acarel lui dit que la terre étoit pour une jeune veuve nommée madame la comtesse *des Barres*, qui vouloit s'y venir établir.

Acarel conserva le concierge, et monsieur Gaillot lui promit d'avoir l'œil à tout jusqu'à ce que madame la comtesse fût arrivée.

Monsieur Acarel revint enchanté de ma nouvelle acquisition : je brûlois d'envie de partir, mais il me fallut plus de six semaines pour faire mes préparatifs. J'écrivis à mes frères que j'allois voyager pendant deux ou trois ans, et que je laissois une procuration générale à monsieur Acarel.

Bouju avoit une femme fort adroite qui me coiffoit parfaitement bien ; mais quand je lui eus dit que je ne voulois plus quitter l'habit de femme, elle me conseilla de continuer à me faire couper les cheveux à la mode, et je le fis ; il n'y avoit plus moyen de s'en dédire.

Je me fis faire deux habits magnifiques d'étoffes d'or et d'argent, et quatre habits plus simples mais fort propres ; j'eus des garnitures de toutes sortes, des rubans, des coiffes, des gants, des manchons, des éventails et tout le reste, jugeant bien que dans une province je ne trouverois rien de tout cela.

Je renvoyai tous mes valets, sous prétexte de mon voyage, et je les payai ; ensuite je louai une petite chambre garnie auprès du Palais, et Bouju m'alla louer dans le faubourg Saint-Honoré une maison pour un mois, où il fit conduire mon carrosse, quatre chevaux et un cheval de selle ; il arrêta aussi un bon cocher, un cuisinier, un palefrenier pour servir de postillon, une femme de chambre pour m'habiller et me blanchir, et trois laquais, deux grands et un petit pour me porter la queue ; il fit repeindre mon carrosse en ébène, et y fit mettre des chiffres avec une cordelière pour marquer la veuve, et quand tout fut prêt, il vint me trouver à ma petite chambre.

Sa femme m'apporta une grisette fort propre que je mis avec des coiffes et un masque ; cela étoit fort commode en ce temps-là, et l'on ne craignoit point d'être reconnu.

Bouju alla payer son hôtesse, et nous montâmes dans un carrosse de louage qui nous attendoit à la porte.

Nous allâmes à la maison du faubourg Saint-Honoré, où mes nouveaux domestiques reconnurent madame la comtesse des Barres pour leur maîtresse. Ils parurent assez contents de ma vue, et je leur promis de leur faire du bien, pourvu qu'ils me servissent avec affection et qu'ils n'eussent point de querelle ensemble.

Deux jours après, nous partîmes pour aller à Bourges ; je voulus que monsieur Acarel vînt m'y installer, il étoit dans mon carrosse avec madame Bouju. Son mari et Angélique, ma femme de chambre, étoient dans le carrosse de voiture ; mon cuisinier étoit sur mon cheval de selle.

J'avois dans les coffres de mon carrosse ma vaisselle d'argent, et sous mes pieds ma cassette de pierreries que je ne perdois pas de vue ; mes meubles, lits, tapisseries, habits, linges, étoient dans les magasins du carrosse public, où l'on avoit mis deux chevaux de plus, tant il étoit chargé, quoique nous fussions au mois de mai, où les chemins sont beaux.

Nous partîmes le même jour et nous fîmes les mêmes traites que le carrosse de voiture, afin que je pusse avoir mes gens tous les soirs pour me servir.

La première couchée, en descendant de carrosse, je vis un de mes cousins germains sur la porte de l'hôtellerie, mais je n'ôtai pas mon masque, et il n'y connut rien ; nous étions partis le lendemain avant qu'il fût éveillé.

En arrivant à Bourges, nous allâmes descendre chez madame Gaillot ; monsieur Acarel lui avoit écrit le jour et l'heure que nous devions arriver, il vint au-devant de nous dans son carrosse à un quart de lieue de la ville ; il monta dans le mien, et monsieur Acarel et madame Bouju montèrent dans le sien.

J'étois bien aise de l'entretenir en particulier ; il me fit le portrait de toute la ville de Bourges, et me parut homme de bon esprit ; il avoit pourtant dérangé ses affaires, mais il lui restait encore du bien. Nous arrivâmes chez lui, il me présenta à sa femme et me mena dans son appartement où il me laissa sans songer à m'entretenir : je jugeai qu'il n'était pas trop provincial.

J'allai, dès le lendemain, voir ma maison qui me plut encore davantage, et j'y fis porter tous mes meubles ; il fallut pourtant que je demeurasse quatre ou cinq jours chez monsieur Gaillot, jusqu'à ce que tout fût rangé.

Je ne vis personne à Bourges et ne fis aucune visite ; j'allois seulement à la messe, et lorsque je m'apercevois qu'on avoit envie de me voir, j'ôtois mon masque un moment, ce qui redoubloit la curiosité.

Enfin j'allai m'établir tout de bon à Crespon ; j'y trouvai un curé fort homme de bien sans faire le bigot ; il aimoit l'ordre et la joie, et savoit fort bien allier les devoirs de sa profession avec les plaisirs de la vie. Je vis d'abord que je m'en accommoderois à merveille ; je lui appris mon humeur, afin qu'il s'y accommodât, cela étoit juste, et l'assurai que je ne voulois point qu'il s'y contraignît pour moi, parce que je ne me contraindrois point pour lui ; je lui dis que je serois fort assidu à la paroisse, que je tâcherois à avoir le carême de bons prédicateurs, que j'aurois soin des pauvres, que je le priois d'être de mes amis et de venir souvent souper chez moi sans façon, que je n'en mettrois pas plus grand pot au feu et je lui tins parole.

J'avois toujours à dîner un bon potage et deux grosses entrées, un gros bouilli et deux assiettes d'entremets, de bon pain, de bon vin ; le rôti du soir étoit tout prêt à mettre en broche quand il arrivoit quelqu'un.

Il y avoit dans mon village deux ou trois maisons de gentilshommes qui n'étoient pas fort aisés. Le curé m'amena le chevalier d'Hanecourt qui me parut un esprit doux et médiocre, mais il étoit beau comme le jour, et le savoit bien. Il avoit été mousquetaire et avoit fait trois ou quatre campagnes ; le métier lui avoit semblé rude, et depuis deux ans il s'étoit remis à prendre des lièvres. Il fit d'abord le passionné, mais je ne tâtai point de ses mines, et crus qu'il ne me trouvoit belle que parce que j'étois riche ; je le traitai pourtant fort honnêtement et souffris ses assiduités.

Quand ma maison fut rangée, j'allai à Bourges. J'affectai d'avoir un habit fort honnête, mais fort simple, des dentelles médiocres, point de diamants, des boucles d'oreilles d'or, une coiffure fort modeste, des coiffes que je n'ôtai point dans mes visites, des rubans noirs, point de mouches.

J'allai descendre chez monsieur et madame Gaillot, qui me menèrent chez monsieur du Coudray, lieutenant général. C'étoit un homme fort laid, mais de bonne mine, et qui avoit beaucoup d'esprit ; il me reçut avec de grandes distinctions, et me présenta sa femme et sa fille. La femme avoit cinquante ans, et on voyoit bien qu'elle avoit été belle ; la fille en avoit quinze ou seize, un petit pruneau relevé, mais si vive, de si bonne humeur, qu'elle en étoit fort aimable.

Pendant que j'y étois, il vint une visite. C'étoit la marquise de la Grise avec sa fille qui me parut fort jolie. Je n'eus pas le temps de l'examiner, la nuit alloit tomber, je revins chez moi.

Je fis grande amitié avec la lieutenante générale qui me rendit ma visite dès le lendemain ; j'eus le plaisir de lui montrer les appartements tournés et meublés autrement qu'elle ne les avoit vus.

Ma grande chambre étoit magnifique : une

tapisserie de Flandre des plus fines, un lit de velours incarnat avec des franges d'or et de soie, des sièges de commodité que j'avois fait de mes vieilles jupes, une cheminée de marbre ; il n'y manquoit que des miroirs, mais j'en eus de fort beaux quinze jours après.

Madame la marquise du Tronc mourut dans son château, à trois ou quatre lieues de Bourges ; ses meubles furent vendus, et j'achetai à fort bon marché deux trumeaux de glace, deux glaces de cheminée, un grand miroir et un chandelier de cristal.

On peut juger que ma chambre en fut bien parée. J'avois de plain-pied une antichambre, une grande chambre, un cabinet et une galerie dans le retour sur le jardin, et dans le double du bâtiment, une chambre à coucher, un petit oratoire et deux gardes-robes, avec un degré de dégagement. De l'autre côté de l'escalier étoit une salle à manger avec un petit degré qui montoit de la cuisine. J'avois aussi un appartement bas que je destinai aux hôtes, sans compter un corridor qui régnoit le long du bâtiment, où il y avoit cinq ou six chambres avec de bons lits ; je ne parle point des chambres des valets ni des écuries où il ne manquoit rien.

Je menai madame la lieutenante générale par toute la maison, et lui donnai un fort bon dîner, quoiqu'elle ne fût venue qu'à midi et demi, afin que je ne fisse rien d'extraordinaire. Elle me pria de lui faire l'honneur de venir dîner chez elle le jeudi suivant, et me dit qu'elle y feroit trouver les principales dames de la ville, qui mouroient d'envie de me voir.

Je me rendis au jour marqué, mais je crus devoir mettre mes plus beaux atours ; je n'avois encore paru à Bourges que fort négligée.

Je mis un corps de robe d'une étoffe à fond d'argent et brodée de fleurs naturelles, une grande queue traînante, la jupe de même ; ma robe étoit rattachée des deux côtés avec des rubans jaune et argent et un gros nœud par derrière pour marquer la taille ; mon corps étoit fort haut et rembourré par-devant, pour faire croire qu'il y avoit là de la gorge, et effectivement j'en avois autant qu'une fille de quinze ans.

On m'avoit mis dès l'enfance des corps qui me serroient extrêmement et faisoient élever la chair, qui étoit grasse et potelée. J'avois eu aussi fort grand soin de mon col que je frottois tous les soirs avec de l'eau de veau et de la pommade de pieds de mouton, ce qui rend la peau douce et blanche.

J'étois coiffée avec mes cheveux noirs à grosses boucles, mes grands pendants d'oreilles de diamants, une douzaine de mouches, un collier de perles fausses plus belles que les fines, et d'ailleurs, en me voyant tant de pierreries, on n'eût jamais cru que j'eusse voulu rien porter de faux.

J'avois changé à Paris ma croix de diamants, que je n'aimois point, contre cinq poinçons que je mettois dans mes cheveux ; ma coiffure étoit garnie de rubans jaune et argent, ce qui faisoit fort bien avec des cheveux noirs, point de coiffe, nous étions au mois de juin, un grand masque qui me cachoit toutes les joues, de peur de hâle, des gants blancs, un éventail, voilà ma parure ; on n'eût jamais deviné que je n'étois pas une femme.

Je montai dans mon carrosse, avec madame Bouju à onze heures et demie, pour aller à Bourges ; j'arrivai chez madame la lieutenante générale qui alloit monter en carrosse ; elle voulut, en me voyant, remonter chez elle, mais je l'en empêchai quand je sus qu'elle alloit à la messe à l'église cathédrale ; c'étoit la messe des paresseuses, toutes les belles de la ville y étoient et tous les galants ; je montai dans son carrosse et nous y allâmes.

On me regarda tant et plus ; ma parure, ma robe, mes diamants, la nouveauté, tout attiroit l'attention. Après la messe, nous passâmes entre deux haies pour aller à notre carrosse, et j'entendis plusieurs voix dans la foule qui disoient : « Voilà une belle femme » ; ce qui ne laissoit pas que de me faire plaisir.

La compagnie priée nous attendoit au logis ; monsieur le lieutenant général me vint donner la main à la descente du carrosse, et je trouvai dans l'appartement la marquise de la Grise et sa fille, monsieur et madame Gaillot et l'abbé de Saint-Siphorien, qui avoit une abbaye à deux lieues de Bourges ; c'étoit un vieillard qui avoit beaucoup d'esprit, et qui se sentoit encore de la galanterie du temps passé.

— Madame, me dit-il, on m'en avoit beaucoup dit, et j'en trouve encore davantage.

Je répondis à ces civilités, et embrassai madame de la Grise qui me parut bonne femme ; elle n'avoit pas plus de quarante ans et ne faisoit point la belle ; tout son amour-propre s'étoit tourné sur sa fille qui le méritoit bien.

C'étoit de ces petites beautés fines qui n'ont

que la cape et l'épée, de petits traits, un beau teint, de petits yeux pleins de feu, la bouche grande, les dents belles, les lèvres incarnates et rebordées, les cheveux blonds, la gorge admirable, et quoiqu'elle eût seize ans, elle n'en paroissoit que douze. Je la caressai fort, elle me plut, je la baisai cinq ou six fois de suite, la mère étoit ravie ; je raccommodai sa coiffure qui n'étoit pas de bon air, je lui dis avec amitié qu'elle montroit trop sa gorge, et je lui montrai à attacher sa collerette un peu plus haut ; la pauvre mère n'avoit point la parole pour me remercier.

— Madame, lui dis-je, j'ai auprès de moi une femme qui m'a élevée, qui est fort adroite, c'est elle qui me coiffe, et il me semble qu'on me trouve assez bien.

Toute la compagnie s'écria qu'on ne pouvoit pas être mieux coiffée, et qu'on voyoit bien que je venois de Paris où les dames ont le bon air.

— Ce n'est pas, ajoutai-je, que je ne sache me coiffer toute seule ; on est quelquefois paresseuse, mais c'est un grand avantage à une demoiselle de se passer quand elle veut de sa femme de chambre.

— Madame, dis-je à madame de la Grise, si

vous voulez me confier mademoiselle votre fille pour huit jours, je vous réponds qu'elle saura se coiffer parfaitement. Je lui ferai étudier ce joli métier-là trois heures par jour, je ne la quitterai pas de vue, elle couchera avec moi et sera ma petite sœur.

Madame de la Grise me dit qu'elle auroit l'honneur de me voir chez moi pour me remercier de toutes les bontés que j'avois pour sa fille ; je n'insistai pas davantage.

On vint dire qu'on avoit servi, nous étions douze à table ; la chère fut grande, assez mal servie, le mari et la femme donnoient à tous moments des ordres quelquefois différents ; c'étoit une criaillerie perpétuelle. Pour moi, je parlois à mes gens en particulier, et puis je ne les regardois plus ; tout alloit comme il pouvoit, et ordinairement tout alloit bien.

Après le dîner, on but chacun un petit coup de rossolio de Turin ; on ne connoissoit alors ni café ni chocolat ; le thé commençoit à naître.

On passa à quatre heures dans un grand cabinet où la musique nous attendoit ; elle étoit composée d'un théorbe, d'un dessus, d'une basse de viole et d'un violon ; une demoiselle jouoit du clavecin et prétendoit accompagner, mais elle le faisoit fort mal, ce n'étoit pas sa faute, elle s'en étoit défendue autant qu'elle avoit pu. L'organiste de la cathédrale, qui devoit faire ce personnage, étoit malade, et madame la lieutenante vouloit absolument un concert bon ou mauvais. Il commença et visa d'abord au charivari. Je ne pus m'empêcher de donner quelques avis à la demoiselle que son clavecin étoit d'un demi-ton trop bas, qu'il falloit faire des pauses et observer des silences en de certains endroits ; mes avis ne furent pas inutiles, elle n'en savoit pas assez pour en profiter.

— Mais, madame, me dit le vieil abbé de Saint-Siphorien, vous parlez comme si vous saviez parfaitement la musique ; mettez-vous là et accompagnez.

La pauvre demoiselle sortit aussitôt de sa place, et tout le monde me pressa tant, que je la pris.

Je voulus d'abord donner quelques idées de ma capacité, et je jouai quelques préludes de fantaisie et la *Descente de Mars,* où il faut beaucoup de légèreté de main ; tous les musiciens virent bien à qui ils avoient affaire et me prièrent de régler leur concert. Je n'y eus pas grande peine, j'accompagnois à livre ouvert toutes sortes de musique, même italienne. Le concert joua juste et de mouvement, et il étoit huit heures qu'on ne croyoit pas qu'il en fût six ; madame Bouju vint m'avertir que mon carrosse étoit prêt.

Je n'aimois pas à me mettre à la nuit avec mes pierreries, je pris congé de la compagnie et les priai de me venir voir, ils me le promirent.

Je ne croyois pas qu'ils me tiendroient si tôt parole. Je les vis arriver le lendemain à midi dans un grand et vieux carrosse de la marquise de la Grise ; il en sortit elle et sa fille, monsieur le lieutenant général, sa femme et sa fille, et l'abbé de Saint-Siphorien. Il étoit bon homme, et tout le monde vouloit l'avoir.

Je vis leur carrosse par la fenêtre. J'étois véritablement dans mon négligé : une robe de chambre de taffetas incarnat, un fichu, une échelle de rubans blancs, des cornettes à dentelles avec des rubans incarnat sur la tête, pas une mouche, mes petites boucles d'or ; je descendis en bas et les reçus avec la même joie que si j'avois été bien parée.

— Mesdames, leur dis-je, vous m'aurez vue de toutes les façons.

— Je ne sais, madame, dit le vieil abbé, laquelle de toutes ces façons vous est le plus avantageuse, mais je sens bien qu'il y a quarante ans j'aurois mieux aimé la bergère que la princesse.

On se mit à rire. Je proposai d'aller dans le jardin, et je les menai jusqu'au bois, afin de donner le temps à mon cuisinier de mettre à la broche ; une demi-heure après, on nous vint dire qu'on avoit servi ; le dîner fut petit et bon.

— Vous n'avez, mesdames, leur dis-je, que le nécessaire, vous en trouverez toujours autant, j'ai envie que vous y reveniez souvent.

Je trouvai mademoiselle de la Grise plus jolie que jamais, et sous prétexte de lui montrer quelque chose sur le clavecin, je l'entretins en particulier.

— Ma belle enfant, lui dis-je, vous ne m'aimez point.

Elle se jeta à mon col, au lieu de me répondre.

— Parlez-moi avec franchise, seriez-vous bien aise de venir passer huit jours avec moi?

Elle se mit à pleurer et m'embrassa avec tant de tendresse, que je connus bien que son petit cœur était touché.

— Mais, lui dis-je, madame votre mère y consentira-t-elle?

— Ma chère mère en meurt d'envie, mais elle

n'oserait vous en parler, elle a peur que tout ce que vous avez dit là-dessus ne soit un compliment.

— Eh bien ! ma chère enfant, lui dis-je en la baisant de tout mon cœur, je ferai tomber le discours sur votre coiffure, et nous verrons ce qu'elle dira.

Nous rentrâmes aussitôt où étoit la compagnie, et sous prétexte de quelque ordre que j'avois à donner, je fis le bec à madame Bouju qui un moment après passa par la chambre où nous étions pour aller à ma garde-robe ; je l'appelai et lui dis :

— Madame, voyez un peu la coiffure de mademoiselle de la Grise ; comment la trouvez-vous ?

Elle la tourna et dit :

— En vérité, madame, c'est dommage qu'une si belle personne, et qui a de si beaux cheveux, soit si mal coiffée à l'air de son visage.

Elle nous fit remarquer ensuite qu'elle avoit trop de cheveux sur le front, et que les boucles qui accompagnoient son visage l'offusquoient et cachoient ses belles joues. Je pris la parole et dis à madame de la Grise :

— Vous voulez bien que je vous envoie demain madame Bouju pour coiffer Mademoiselle de la Grise? vous verrez quelle différence il y aura.

Le vieil abbé interrompit et me dit :

— Est-il juste, madame, que vous vous priviez de vos gens? Vous offrîtes hier à madame de la Grise de garder sa fille pendant huit jours, et de la rendre savante en coiffure.

— Si madame la comtesse, dit madame la lieutenante générale, m'en offroit autant pour ma fille, je la prendrois au mot.

— Et moi, dit la petite fille, j'en serois bien aise.

— Ah! madame, s'écria madame de la Grise, n'allez pas sur notre marché!

— Mes belles demoiselles, leur dis-je en riant, je garderai chez moi celle qui m'aimera le mieux.

— C'est moi! c'est moi! s'écrièrent-elles toutes deux en même temps, en se jetant à mon col ; leur petite dispute réjouit fort toute la compagnie.

— Ne vous fâchez point, leur dis-je, nous avons de quoi vous contenter toutes deux l'une après l'autre.

Je parlois ainsi afin de faire croire que je les aimois également.

— Il est juste, dit madame de la Grise, que ma

fille passe la première, et la voilà toute prête.

— Je n'en suis point jalouse, dit la lieutenante générale, pourvu que la mienne ait son tour.

— Comme il vous plaira, leur dis-je ; je les aime fort toutes deux, et serai ravie de leur rendre un petit service.

Il fut résolu que mademoislle de la Grise demeureroit chez moi, et que mademoiselle du Coudray y viendroit après faire le même apprentissage.

Ces dames s'en retournèrent à Bourges, et dès le soir on apporta à mademoiselle de la Grise ses coiffures et du linge. J'envoyai chercher monsieur le curé pour souper avec nous ; il amena le chevalier d'Hanecourt, et je leur présentai ma petite pensionnaire qui rioit aux anges ; après le souper je renvoyai le curé et le chevalier.

J'avois impatience de me coucher, et je crois que la petite fille en avoit aussi bonne envie que moi. Madame Bouju la coiffa de nuit et la fit coucher la première dans mon lit, à la petite ruelle ; je vins peu de temps après, et dès que je fus couchée, je lui dis :

— Approchez-vous, mon petit cœur.

Elle ne se fit pas prier, et nous nous baisâmes d'une manière fort tendre ; nos bouches étoient collées l'une sur l'autre. Je tins longtemps la petite fille entre mes bras, et baisai sa gorge qui étoit fort belle ; je lui fis mettre aussi la main sur le peu que j'en avois, afin qu'elle fût encore plus rassurée que j'étois femme ; mais je n'allai pas plus loin le premier jour, je me contentai de voir qu'elle m'aimoit de tout son cœur.

Le lendemain nous eûmes plusieurs visites du voisinage ; la petite fille s'ennuyoit et me disoit tout bas :

— Ma belle dame (c'est le nom qu'elle s'avisa de me donner), que je trouve le journée longue !

J'entendis ce qu'elle vouloit dire. Dès que nous fûmes couchées, il ne fallut pas lui dire de s'approcher, elle pensa me manger de caresses ; je crevois d'amour et je me mis en devoir de lui donner de véritables plaisirs. Elle me dit d'abord que je lui faisois mal, et puis elle fit un cri qui obligea madame Bouju de se lever pour voir ce que c'étoit. Elle nous trouva fort près l'une de l'autre ; la petite pleuroit, et toutefois elle eut le courage de dire à Bouju :

— Madame, c'est une crampe à quoi je suis sujette, qui m'a fait bien du mal.

Je la baisai de tout mon cœur, et ne quittois point prise.

— Ah ! quelle douleur ! s'écria-t-elle encore.

— Mademoiselle, dit Bouju qui étoit une vieille narquoise, cela passera, et vous serez bien aise quand vous ne sentirez plus de mal.

En effet le mal étoit passé, et les larmes de douleur devinrent des larmes de plaisir ; elle m'embrassoit de toute sa force et ne disoit mot.

— M'aimes-tu bien, mon petit cœur? lui dis-je.

— Hélas ! oui ; je ne me sens pas, je ne sais ce que je fais. M'aimerez-vous toujours, ma belle dame?

Je lui répondis par cinq ou six baisers fort humides, et je recommençai la même chanson ; elle ne nous donna pas tant de peine que la première fois, la petite fille ne cria plus, elle fit seulement de longs soupirs qui venoient de son cœur ; nous nous endormîmes.

Nos plaisirs ne nous faisoient pas oublier ce que nous avions promis à la mère. Bouju s'appliqua à lui apprendre à se coiffer, mais je lui dis de faire filer ses leçons au moins quinze jours. Je commençois à craindre de perdre de vue ma petite amie, et je ne songeois qu'avec dédain à celle qui lui devoit succéder.

Trois jours après, madame de la Grise vint dîner avec nous. J'avois dit à la petite fille qu'il ne falloit pas lui dire que nous nous aimions tant ; elle m'avoit répondu :

— Oh ! que je n'ai garde, ma belle madame, de dire à ma chère mère les plaisirs que nous avons ensemble ; elle seroit jalouse, car nous couchons presque toujours ensemble et nous ne sommes pas si aises ; j'aime pourtant bien ma chère mère, mais j'aime encore mieux et mille fois davantage la belle madame.

L'innocence de cette pauvre enfant me faisoit plaisir et un peu de peine, mais je rejetois bien loin une pensée qui eût troublé ma joie.

Madame de la Grise trouva sa fille fort bien coiffée, mais elle n'eut pas le plaisir de la voir à la besogne.

— Madame, lui dis-je, demeurez avec nous le reste de la journée, et vous verrez demain comment elle s'y prend ; mon lit est grand, nous coucherons ensemble, et la petite couchera avec Bouju.

Elle se fit un peu prier et y consentit, puis j'en fus assez fâchée, c'étoit une nuit perdue, mais d'un autre côté, cela établissoit merveilleusement la confiance de la mère. Nous dînâmes, nous nous promenâmes dans le parc, et le soir après souper je fis dire des vers à mademoiselle de la Grise.

J'étois bonne comédienne, c'étoit mon premier métier.

— J'ai choisi, dis-je à la mère, une comédie sainte (c'est *Polyeucte*), elle n'y verra que de bons sentiments.

La petite fille disoit les vers assez mal, mais j'avois connu qu'avec un peu d'application, elle les diroit aussi bien que moi ; elle les entendoit, et il suffit d'entendre pour bien prononcer.

Madame de la Grise ne pouvoit se lasser de me remercier ; je lui fis de petites confidences sur sa fille, qu'elle ne se tenoit pas assez droite, qu'elle étoit malpropre, qu'elle ne rangeoit pas ses hardes, afin qu'elle lui en fît de petites réprimandes ; cela faisoit merveille et lui faisoit connaître que je voulois son bien et que je n'en étois pas coiffée.

Nous soupâmes et nous nous couchâmes ; on avoit seulement mis des draps blancs pour madame de la Grise. Quand nous fûmes couchées, je m'approchai d'elle, je la baisai deux ou trois fois, et puis me mis à ma ruelle, en lui disant :

— Dormons... C'est ainsi, madame, lui dis-je,

que j'en use avec votre enfant, et je vous assure qu'elle dort comme un sabot ; elle fait de l'exercice toute la journée, court dans le jardin avec Angélique, il faut bien que cela dorme.

Le lendemain, le pauvre mère fut ravie quand elle la vit tourner une boucle avec une adresse surprenante. Bouju lui disoit :

— Je vous assure, madame, que dans quinze jours, mademoiselle en saura autant que moi.

Nous dînâmes, et madame de la Grise s'en alla et nous fit grand plaisir.

— Que nous nous baiserons ce soir ! disait la petite. Il me semble qu'il y a dix ans que je n'ai embrassé la belle madame.

Dès que nous eûmes soupé, nous nous couchâmes ; il falloit bien récompenser le temps perdu. Nous prîmes nos plaisirs ordinaires, la pauvre enfant n'y entendoit pas finesse.

Quatre ou cinq jours après, la lieutenante générale, sa fille, madame de la Grise et le bon abbé vinrent dîner avec nous et y passèrent la journée. La petite du Coudray qui avoit beaucoup d'esprit, disoit continuellement :

— En vérité, mademoiselle de la Grise est bien longtemps à apprendre à coiffer; il me semble que j'aurois croqué cela en quatre leçons ; on ne demandoit que huit jours, et il y en a plus de quinze.

Elle croyoit avancer ses affaires, et les reculoit ; j'aurois voulu qu'elle eût été bien loin, j'aimois ma petite amie, et pour elle, je ne l'aimois point du tout.

Nous fûmes encore trois semaines dans les plaisirs, mademoiselle de la Grise se coiffoit parfaitement bien ; je la menai à sa mère, mais je voulus qu'elle se coiffât toute seule ce jour-là, sans que Bouju y mît la main, et avant que de partir, je lui mis aux oreilles de petites boucles d'un seul rubis entouré de douze petits diamants, elles étoient fort jolies.

— Je vous ferois bien un plus beau présent, lui dis-je, mais, mon petit cœur, on en parleroit.

Madame de la Grise fut charmée ; elle la montroit à tout le monde et assuroit sur ma parole qu'elle s'étoit coiffée toute seule ; elle faisoit quelque façon de lui laisser prendre les petites boucles.

— C'est une bagatelle, lui dis-je, je les avois étant fille, elles ne me conviennent plus.

Madame la lieutenante générale lui dit en riant :

— Si madame la comtesse en donne autant à ma fille, j'en serai bien aise.

C'étoit me l'offrir, il fallut bien la prendre,

j'y étois engagée. Je l'emmenai avec moi, et la gardai seulement huit jours ; Bouju lui apprit à coiffer si prodigieusement vite, que j'en étois étonnée.

C'étoit un petit esprit vif, ardent, qui se coiffoit le matin, et au lieu de s'aller promener, se décoiffoit l'après-dînée, pour se recoiffer le soir ; elle couchoit avec moi, je la baisois en nous couchant, je recevois ses petites caresses, mais je ne me hasardois à rien avec elle. Outre qu'elle n'étoit pas si aimable que mademoiselle de la Grise, je la trouvois plus fine et peut-être plus instruite. Elle n'eût jamais cru comme Agnès qu'on fait les enfants par l'oreille. Elle étoit flatteuse au point, et je l'aurois peut-être aimée si je n'eusse pas vu l'autre.

Enfin, au bout de huit jours, je la ramenai à Bourges, triomphante ; elle savoit fort bien se coiffer, et croyoit avoir gagné une bataille, d'avoir appris en si peu de temps. Sa mère prit part à son triomphe.

Mademoiselle de la Grise avouoit qu'il lui avoit fallu un mois pour en apprendre autant :
— Vous savez bien ce qui en est, ma belle madame, me disoit-elle en particulier, mais je me soucie peu que tout le monde me trouve une

sotte, pourvu que vous pensiez autrement.

On me vint dire, deux jours après, que monsieur l'intendant étoit arrivé à Bourges pour faire le répartement des tailles ; il s'appeloit monsieur de la Barre, il avoit été intendant d'Auvergne, et prit ensuite l'épée, fit de belles actions à la guerre, et devint vice-roi du Canada, où il est mort.

Je crus qu'il étoit de mon devoir et de mon intérêt de l'aller voir. J'y allai habillée fort modestement, j'avois seulement mes boucles d'oreille de diamants et trois ou quatre mouches.

La lieutenante générale me présenta, il me reçut à merveille, on lui avoit déjà parlé de moi.

Trois ou quatre jours après, la lieutenante générale m'avertit dès le matin qu'il devoit me venir voir le lendemain, et qu'il l'avoit priée d'être de la partie.

Je lui préparai une petite fête. Je mis ce jour-là le plus bel habit que j'eusse. Je me coiffai avec des rubans jaune et argent, mes grands pendants d'oreilles, un collier de perles, une douzaine de mouches, je n'oubliai rien à mon ajustement.

Il arriva à midi, avec le lieutenant général, sa femme et sa fille ; dès que je vis son carrosse dans l'avenue, je descendis en bas pour le recevoir ; les intendants sont les rois des provinces, on ne sauroit leur faire trop d'honneur.

Il parut surpris de la beauté de ma maison et de la propreté de mes meubles. Je lui proposai d'aller faire un tour de jardin en attendant qu'on servît. Monsieur le curé et monsieur le chevalier d'Hanecourt m'aidèrent à faire les honneurs.

Une demi-heure après, nous retournâmes à la maison, et nous vîmes arriver madame et mademoiselle de la Grise, avec l'abbé de Saint-Siphorien. On se mit à la table, la chère fut grande et délicate, tout étoit bon.

Nous passâmes dans mon cabinet, où la musique étoit toute prête. J'avois fait venir les musiciens de Bourges, et je me mis au clavecin pour accompagner.

— Comment, dit monsieur l'intendant, madame la comtesse en est aussi?

Je ne répondis que par trois ou quatre pièces de Chambonnière, que je jouai toute seule, et puis le concert commença.

Il étoit composé d'un dessus et d'une basse de viole, d'un théorbe, d'un violon et de mon clavecin ; nous ne jouâmes que des pièces que nous avions bien concertées. L'intendant parut charmé ; le concert dura jusqu'à six heures du soir.

On proposa la promenade ; nous n'avions été qu'à l'entrée du parc, nous allâmes jusques à la grille et nous vîmes sur la petite rivière une berge que j'avois fait faire depuis peu. Il y avoit des sièges bien matelassés, au milieu une table longue couverte de tous les fruits de la saison ; les demoiselles, qui ne s'y attendoient pas, furent ravies, et mangèrent bien des pêches.

Nous nous promenâmes pendant plus d'une heure et demie, et quand on eut fait collation, je proposai de donner la comédie à monsieur l'intendant ; j'avois appris à mademoiselle de la Grise une scène de *Polyeucte*.

— Allons, mademoiselle, lui dis-je, prenez le chapeau de monsieur l'intendant, il vous portera bonheur, vous serez *Sévère*, et moi *Pauline*.

Nous commençâmes ; le pauvre intendant faisoit de continuelles exclamations.

— J'ai ouï, disoit-il, la Duparc, elle n'approche pas de madame la comtesse.

— Eh ! monsieur l'intendant, lui dis-je, c'est mon premier métier ; j'avois une mère qui avoit composé une troupe parmi ses voisins et voisines, et tous les jours, nous jouions ou *Cinna* ou *Polyeucte* ou quelque autre pièce de Corneille.

La petite de la Grise ne joua pas mal. La

nuit approchoit, on rentra dans le parc, il y avoit encore du chemin, les carrosses étoient prêts ; la compagnie s'en alla fort contente de la réception que je leur avois faite, et ma paroisse ne s'en trouva pas mal; monsieur le curé n'oublia pas de la recommander à monsieur l'intendant.

Madame de la Grise avoit besoin de monsieur l'intendant aussi bien que moi, et voulut aussi lui donner une fête ; elle me consulta, un jour que je l'étois allée voir à Bourges. Je lui conseillai de lui donner un bon souper et un bal, point de musique, on ne lui pouvoit donner rien de nouveau là-dessus :

— Et même si vous voulez, madame, ajoutai-je en riant, je me ferai encore comédienne pour l'amour de vous ; mademoiselle de la Grise fait assez bien son petit personnage.

Elle me dit qu'il lui falloit huit jours pour se préparer, et qu'elle me prieroit de venir voir la disposition de ma maison pour contrôler.

— Mais, madame, ma fille jouait si mal auprès de vous.

— Il est surprenant, lui dis-je, qu'elle joue si bien ; je ne lui ai donné que cinq ou six leçons ; encore autant, elle fera mieux que moi ;

un petit voyage à Crespon ne lui seroit pas inutile ; elle se fortifieroit dans sa coiffure.

— Madame, me dit madame de la Grise, vous avez trop de bontés pour ma fille, j'ai peur d'en abuser.

Elle ne laissa pas de la faire appeler.

— Ma fille, lui dit-elle, voulez-vous bien aller passer cinq ou six jours avec madame la comtesse?

Elle ne répondit point, et courut à sa chambre faire son petit paquet qu'elle apporta sous son bras.

— Il me semble, ma fille, que vous n'êtes guère fâchée de me quitter?

— Ma chère mère, lui répondit-elle, je suis bien aise d'aller avec madame la comtesse.

Nous l'embrassâmes toutes deux, sa réponse avoit été si spirituelle !

Je retournai chez moi ; ce fut une véritable joie dans la maison quand on vit la petite fille, on l'aimoit, et tous les domestiques s'étoient aperçus que je l'aimois de tout mon cœur.

— Mademoiselle, lui dit Bouju, venez-vous encore apprendre quelque chose? vous savez le frisé, mais vous ne savez pas si bien le tapé.

Nous soupâmes ; il étoit tard, nous mourions d'envie de nous coucher ; la nuit nous parut plus agréable qu'elle n'avoit encore fait ; une petite absence aiguise l'appétit.

Le lendemain, il me vint dans l'esprit que j'étois bien ingrate, et que, depuis plus de six semaines, je n'avois pas donné signe de vie à monsieur et madame Gaillot ; je leur envoyai sur-le-champ mon carrosse avec une lettre par laquelle je les conjurois de venir passer deux ou trois jours dans leur maison, et qu'ils en étoient toujours les maîtres.

Ils ne se firent pas prier, et je les vis arriver avant midi ; ils voulurent loger dans le dortoir, ils en connoissoient les lits et choisirent le meilleur.

Je les régalai le mieux qu'il me fut possible ; nous allâmes nous promener après dîner ; il n'y eut pas un coin dans le parc qu'ils ne voulussent voir, et toujours pour admirer les augmentations que j'y avois faites. Enfin ils me mirent sur les dents, et mademoiselle de la Grise aussi ; ils s'en aperçurent un peu tard, et m'en firent bien des excuses :

— Il n'y paroîtra plus, leur dis-je, quand nous aurons bien dormi.

Nous soupâmes, et madame Gaillot me pressa de me coucher.

— Je ne suis pas accoutumée, leur dis-je, à m'endormir de si bonne heure, mais je ne serai pas fâchée de me coucher, cela me reposera, à condition que nous causerons jusqu'à minuit.

Bouju vint, et Angélique, mon autre femme de chambre ; on me frisa, on mit mes cheveux sous des papillottes, on attacha mes cornettes, on me mit une camisole chamarrée de dentelles d'Alençon, j'ôtai mes boucles d'oreilles de diamants, et en mis de petites d'or, mes mouches tomboient assez d'elles-mêmes, et je me couchai entre deux draps.

— Toutes les dames ne vous ressemblent pas, me dit madame Gaillot, et il faut être aussi belle que vous êtes, pour avoir si peu besoin de secours étrangers; votre miroir vous suffit et vous dit continuellement que vous avez tout par vous-même.

Mademoiselle de la Grise étoit là toute droite.

— Allons, allons, petite fille, lui dis-je, venez vous coucher, vous êtes aussi lasse que moi.

Angélique l'eut déshabillée en un moment, elle se mit à sa petite ruelle. Monsieur et madame étoient dans la grande ruelle, et commençoient à me conter une histoire arrivée depuis peu à Bourges, lorsque je dis à mademoiselle de la Grise qui faisoit la sérieuse :

— Approchez-vous, mon enfant ; venez me donner le bonsoir, et puis vous dormirez ; nous ne voulons pas vous contraindre.

Elle s'approcha, et je la pris entre mes bras, et la fis passer du côté de la grande ruelle ; elle étoit sur le dos, et moi j'étois sur le côté gauche, la main droite sur sa gorge, nos jambes entrelacées l'une dans l'autre ; je me penchai tout à fait sur elle pour la baiser.

— Voyez, dis-je à madame Gaillot, la petite insensible ! elle me fait faire tout le chemin, et ne répond point aux amitiés que je lui fais.

Cependant j'avançois mes affaires, je baisois sa bouche plus vermeille que le corail, et lu donnois en même temps de plus solides plaisirs i elle n'eut pas la force de se retenir et dit à demi-haut, avec un grand soupir :

— Ah ! que j'ai de plaisir !

— Vous voilà donc réveillée, ma belle demoiselle ? lui dit monsieur Gaillot.

Elle vit bien qu'elle avoit dit une sottise.

— Il est vrai, dit-elle, je mourois de froid quand je suis entrée dans le lit, et présentement j'ai chaud, je suis bien aise.

Je ne la baisois plus et m'étois aussi remise sur le dos.

— Elle ne m'aime point, leur dis-je, et vous voyez que je l'aime bien.

— Le moyen, reprit madame Gaillot, qu'elle n'aime pas une si belle dame.

— Cela n'est pas vrai, dit la petite fille en se mettent à son séant, j'aime la belle dame de tout mon cœur.

Et en même temps elle se jeta sur moi à corps perdu, et me baisoit avec des transports qui marquoient que c'étoit tout de bon.

— Chacun à son tour, lui dis-je ; vous étiez froide comme une glace il n'y a qu'un moment, et présentement j'ai envie de l'être, mais je n'en ai pas la force.

En disant cela, je la fis remettre à sa place, et repris, sous prétexte de la baiser, l'attitude convenable à nos véritables plaisirs. Les personnes qui les regardoient les augmentoient encore ; il est bien doux de tromper les yeux du public.

Nous nous remîmes ensuite tranquillement sur le chevet ; nos têtes étoient l'une auprès de l'autre, et nos corps se joignoient encore de plus près.

— Mon fils, disoit madame Gaillot à son mari, as-tu jamais vu deux visages plus gracieux?

— Il est vrai, lui dis-je, que mon petit cœur est fort joli.

— Et vous, belle madame, vous n'êtes pas jolie, vous êtes belle comme un ange !

Et en disant cela nous nous baisions.

— Mon enfant est fort jolie, disois-je à madame Gaillot, mais moi, je suis vieille auprès d'elle ; songez que j'ai vingt ans.

C'est ainsi que se passa la soirée ; nos hôtes s'en allèrent et nous nous endormîmes.

Le lendemain, monsieur le curé et monsieur le chevalier d'Hanecourt soupèrent avec nous ; madame Gaillot me pressa fort de me coucher comme la veille.

— Ce n'est pas de même, lui dis-je, la compagnie est plus grosse, il faut y faire plus de façons.

Je me laissai pourtant persuader.

— Ce ne seroit pas pour moi, madame, que vous vous contraindriez, disoit monsieur le curé.

La petite fille se coucha aussi et s'approcha de moi fort près, nos têtes se touchoient, mais nous ne nous baisions pas.

— Vous ne vous aimez donc plus aujourd'hui dit madame Gaillot, vous ne vous baisez pas.

— Monsieur le curé, dis-je en riant, ne le trouveroit peut-être pas bon?

— Moi, madame? et qu'y a-t-il de plus innocent? C'est une sœur aînée qui baise sa cadette.

Après cette permission, je fis passer mademoiselle de la Grise, comme la veille, du côté de la grande ruelle et de la compagnie ; elle se mit sur le dos (elle savoit bien comment il falloit se mettre) et je m'avançai sur elle pour la baiser.

Ce baiser fut long, et nous n'avions point encore eu tant de plaisir ; je quittois sa bouche de temps en temps, et rangeai ma tête sur le chevet à côté de la sienne, mais sans changer la situation de nos corps.

— C'est ma petite femme, disois-je à monsieur le curé.

— Vous êtes donc aussi mon petit mari! s'écria la petite fille en ouvrant les yeux qu'elle avoit tenus longtemps fermés.

— J'y consens, lui dis-je, je serai ton petit mari, et tu seras ma petite femme ; voilà monsieur le curé qui y consentira aussi.

— De tout mon cœur, dit-il en riant.

— Et moi, dit monsieur Gaillot je m'offre à nourrir tous les enfants qui viendront de ce mariage.

Pendant qu'ils se réjouissoient, nous nous réjouissions aussi ; j'avois repris ma petite femme, et je la baisois mieux que je n'avois encore fait ;

nous ne proférions pas une parole, seulement quelquefois : « Mon petit mari, mon cher cœur », et bien des soupirs.

— Voilà donc une affaire faite, dit madame Gaillot, voilà madame la comtesse mariée ; ses amants n'ont qu'à chercher fortune ailleurs.

Elle disoit cela malicieusement, à cause du chevalier d'Hanecourt qui ne trouvoit pas le mot pour rire à tout ce que nous faisions.

Nous nous remîmes ensuite à notre séant, avec des petits manteaux fourrés sur nos épaules ; il commençoit à faire froid. Puis nous causâmes fort gaîment, je leur lus mes lettres de Paris (on aime les nouvelles dans les provinces), et on s'alla coucher.

Les jours suivants se passèrent aussi agréablement, ce fut une plaisanterie perpétuelle sur notre petit mariage; monsieur et madame Gaillot retournèrent à Bourges, et en parlèrent à tout le monde, et lorsque madame de la Grise me vint voir :

— Comment, mon beau monsieur, me dit-elle en riant, vous épousez ma fille sans me le dire.

— Au moins, lui dis-je, madame, ç'a été en bonne compagnie et en présence de mon curé.

— Madame, me dit-elle, ma maison est prête, me voulez-vous faire le plaisir de la venir voir?

Il est jeudi, ce sera dimanche que je donnerai à souper à monsieur l'intendant.

Je l'assurai que je serois chez elle le lendemain à trois heures après midi ; je n'y manquai pas, mais je ne ramenai point mademoiselle de la Grise ; je dis à sa mère qu'elle avoit la migraine, que je l'avois fait coucher, et que dimanche nous irions dîner avec elle.

— Nous aurons, lui dis-je, assez de temps pour nous habiller, l'intendant ne viendra chez vous qu'à huit heures du soir.

Je trouvai la maison fort bien disposée, une grande salle pour les valets, la chambre de madame de la Grise pour le bal (on en avoit ôté le lit), son cabinet qui étoit assez grand pour une retraite qui soulageroit beaucoup la salle de bal, et sa chambre à coucher pour nous habiller.

J'approuvai tout, et m'en retournai à Crespon ; j'y trouvai ma petite femme qui fut aussi aise que moi.

Nous avions encore trois jours à être ensemble, et ils furent bien employés. monsieur le curé nous tint compagnie les soirs ; le chevalier d'Hanecourt n'y vint point, il étoit malade ou faisoit semblant de l'être ; il étoit un peu jaloux.

Le dimanche, après avoir entendu la grand'

messe, je montai dans mon carrosse avec mademoiselle de la Grise et Bouju. Nous portâmes tout ce qu'il falloit pour nous parer. Nos cheveux étoient frisés de la veille et sous des papillottes.

Nous fîmes un dîner fort léger, tant nous avions envie de nous ajuster. Je voulus absolument que Bouju coiffât mademoiselle de la Grise la première, elle devoit être la reine du bal.

Quand elle fut tout à fait habillée et coiffée, je lui ôtai les boucles d'oreilles de rubis que je lui avois données, et lui mis mes beaux pendants d'oreilles de diamants ; la mère se récria qu'elle ne le souffriroit point, mais je lui dis si fortement qu'elle me désobligeroit, qu'enfin elle y consentit. Je lui mis aussi dans les cheveux mes poinçons de diamants. J'étois ravie de la voir si belle, et je la baisois de temps en temps pour ma peine.

— Et vous, madame, dit mademoiselle de la Grise, vous n'aurez plus rien. Il est vrai que vous êtes belle, vous n'avez pas besoin d'être ajustée.

Je mis aussi à ma petite femme douze ou quinze mouches ; on n'en sauroit trop mettre, pourvu qu'elles soient petites.

Pour moi, j'avois une fort belle robe, bien coiffée, un collier de perles, des pendants d'oreilles de rubis ; ils étoient faux, mais on les croyoit fins : le moyen de croire que madame la comtesse qui avoit tant de belles pierreries, en voulût porter des fausses?

Il y avoit douze dames priées au souper, et chacune devoit avoir un cavalier pour la mener à la première courante.

A sept heures, tout étoit arrivé. Monsieur l'intendant ne vint qu'à huit ; on se tint jusques au souper dans le cabinet, et suivant que nous l'avions projeté, nous récitâmes deux scènes de *Cinna* ; la petite fille les dit à merveille, et l'on convint que j'étois une bonne maîtresse, mais aussi étoit-elle une bonne écolière.

On avoit mis deux tables dans la salle de bal, de douze couverts chacune, servies toutes deux également ; les dames s'étoient partagées. Le souper fut fort bon.

A dix heures et demie, la compagnie repassa dans le cabinet, et l'on rangea la salle de bal, on alluma les bougies, et le bal commença à onze heures, la courante d'abord, et puis les petites danses.

On vint dire à minuit à madame de la Grise qu'il y avoit en bas des masques qui demandoient à entrer ; on en fut ravi. Il en parut deux bandes fort propres, on les fit danser aussitôt, mais il y eut un masque qui se distingua extrêmement : il avoit un habit magnifique et dansoit parfaitement bien, personne ne le reconnoissoit. Je dansai souvent avec lui, je mourois d'envie de le connoître ; il ne voulut point ôter son masque. Je le menai dans le cabinet et je le pressai tant quand nous fûmes seuls, qu'il me fit voir le visage du chevalier d'Hanecourt.

J'avoue que cette galanterie me toucha, et je le priai de ne se point démasquer, puisqu'il n'étoit venu au bal que pour moi ; on ne l'eût jamais deviné. Il avoit mis à son habit une année de son revenu. Il sortit sans qu'on s'en aperçût, et retourna chez lui.

Nous dansâmes jusqu'à quatre heures, et madame de la Grise ne voulut jamais souffrir que je m'en allasse à cette heure-là ; elle avoit fait mettre des draps blancs au lit de sa petite chambre, et j'y couchai. Elle voulut absolument coucher avec sa fille dans le lit de sa femme de chambre.

Je retournai le lendemain à Crespon, et soupai avec monsieur le curé et le chevalier d'Hanecourt. Je traitai celui-ci mieux qu'à l'ordinaire et lui fis assez d'amitiés ; cela lui donna la hardiesse de s'ouvrir à monsieur le curé sur le dessein qu'il avoit de m'offrir ses services. Il me voyoit une jeune veuve assez bien faite et fort riche, il eût bien voulu m'épouser.

Monsieur le curé qui étoit son ami, m'en fit la proposition, mais de fort loin, et je la rejetai d'encore plus loin.

— Monsieur, lui dis-je, je suis heureuse et maîtresse de mes actions, je ne veux point me rendre esclave ; j'avoue que le chevalier est fort aimable, je chercherai quelque occasion de lui faire plaisir, mais je ne l'épouserai point.

Après cela, je lui dis que j'étois fâchée que le chevalier eût fait faire un si bel habit pour l'amour de moi, et je lui donnai une bourse où il y avoit cent louis d'or, en le priant de la mettre sur la table du chevalier sans qu'il s'en aperçût, que s'il m'en parloit, je nierois toujours la chose. Le curé loua ma générosité, et me dit que je ne pouvois jamais mieux l'employer.

Il n'y avoit plus que trois semaines de carnaval, lorsqu'il arriva à Bourges une troupe de comédiens ; j'en fus bientôt avertie par madame la lieutenante générale qui me pria à souper après la comédie ; je n'y manquai pas, et eus assez de plaisir.

Le sieur du Rosan qui faisoit le rôle d'amoureux, jouoit comme Floridor, et il y avoit une petite fille de quinze ou seize ans, qui ne faisoit que les suivantes et que je démêlai comme une très bonne comédienne. Tout le reste des acteurs et des actrices étoit au-dessous du médiocre.

Dans les villes de province, on joue la comédie tous les jours. C'étoit une affaire de retourner tous les soirs à Crespon ; madame de la Grise me proposa de passer le carnaval chez elle.

— Madame, me dit-elle, vous ne m'incommoderez point du tout, je couche toujours dans ma petite chambre. Je vous donnerai la grande, et une garde-robe pour vos femmes.

— Mais, répliquai-je, où couchera mademoiselle de la Grise?

— Belle demande, dit-elle en riant, avec son mari.

— J'acccepte, répartis-je aussi en riant.

Cependant, tout le carnaval je m'acquittai de mon devoir sans que la petite fille se doutât de rien ; elle étoit dans l'innocence, mais ce n'étoit plus le temps de la petite Montfleury.

J'allai chez moi le lendemain, et donnai ordre qu'on m'apportât tous les jours à Bourges des chapons gras qu'on élevoit dans ma basse-cour, des légumes du potager, et des fruits d'hiver, dont j'avois une bonne provision ; cela ne laissoit pas de faire plaisir à la cuisine de madame de la Grise.

Nous allions tous les jours à la comédie ; au bout de deux ou trois jours, j'envoyai quérir du Rosan, et lui dis que la petite comédienne étoit capable de jouer les grands rôles.

— Il est vrai, madame, me dit-il, mais nos premières comédiennes n'y consentiront jamais, si vous ne vous servez de votre autorité.

J'en parlai à monsieur l'intendant qui les en pria fort honnêtement, et le jour suivant, mademoiselle Roselie (c'étoit son nom) fit le rôle de Chimène dans *le Cid* ; elle s'en acquitta fort bien.

La petite fille me plaisoit, elle étoit fort jolie, j'étois née pour aimer des comédiennes. Je la fis venir chez moi, et lui donnai des avis.

— Ma belle, lui dis-je, il y a des endroits où il faut prononcer les vers fort vite, et d'autres fort doucement ; il faut changer de ton, tantôt haut et tantôt bas ; vous bien mettre dans la tête que vous êtes Chimène, ne point regarder les spectateurs, pleurer quand il le faut, ou du moins en faire semblant.

Je pratiquai devant elle les leçons que je lui donnois, elle connut bientôt que j'étois maîtresse passée. Dès le lendemain, je reconnus à sa manière de jouer que j'y avois mis la main, sa tante et tous les comédiens me remercièrent.

— C'est un trésor, leur dis-je, que vous aviez chez vous sans le connoître, et ce sera peut-être la meilleure comédienne de son siècle.

Les applaudissements du public les assuroient de la même chose, et leurs parts qui augmentoient tous les jours les persuadoient encore mieux. La petite fille étoit ravie de se voir princesse, et fêtée de tout le monde.

L'archevêque de Bourges arriva dans ce temps-là ; il étoit de la maison de***, bon homme, nullement magicien, réglé dans sa conduite, mais il aimoit tous les plaisirs innocents. Mme la lieutenante générale me mena chez lui ; il me reçut à merveille, et me parla de ma maison dont on lui avoit fait une peinture un peu flattée. Il me promit de la venir voir, et je le priai de me faire cet honneur-là.

Le dimanche gras, j'allai à Crespon préparer tout pour le recevoir ; mes appartements étoient assez bien meublés, mais je fis dresser un théâtre en forme, dans une chambre où il devoit y avoir plus de cent bougies allumées ; je voulois donner la comédie au bon évêque sans qu'il en sût rien ; je fis avertir secrètement les comédiens.

Il arriva le dimanche à quatre heures, il faisoit un assez beau soleil, je les fis entrer seulement dans le parterre, le froid nous chassa bientôt à la maison, toutes les dames de Bourges s'y étoient rendues. Je menai monseigneur dans la salle de la comédie, et le fis asseoir dans un fauteuil, presque malgré lui :

— Vous êtes à la campagne, monseigneur, lui dîmes-nous ; ceci est sans conséquence.

La comédie commença, il ne put s'en dédire ; d'ailleurs c'étoit *Polyeucte*, une comédie sainte ; il fut tout rassuré.

La petite Roselie fit Pauline, et charma toute la compagnie. Le bon archevêque la fit venir, il avoit grande envie de la baiser, mais il n'osa. Je le fis pour lui, je commençois à l'aimer sérieusement et la regardois comme mon ouvrage.

Le souper suivit la comédie et fut bon et fort long, on y but la santé de l'archevêque ; il étoit minuit quand on retourna à la ville, il n'y eut que madame de la Grise qui demeura avec sa fille.

Je l'avois priée, et j'avois mes petites raisons pour cela, de donner son carrosse pour ramener les comédiens, après qu'ils eurent bien soupé, le mien n'eût pas suffi ; je lui donnai à mon tour le lit de ma grande chambre, mais pour le coup, je fus prise pour dupe, elle fit coucher sa fille avec elle, et je n'eus garde d'insister.

Le lendemain, je retournai à Bourges avec elles, sous prétexte d'aller remercier l'archevêque, mais en effet pour voir Roselie que j'avois bien envie de posséder trois ou quatre jours toute seule à Crespon.

J'allai pour cela à la comédie deux heures avant qu'elle commençât ; tous les comédiens et comédiennes me vinrent remercier, ils étoient charmés de Roselie.

Je pris sa tante à part, et lui dis qu'il ne falloit pas la tuer en la faisant jouer tous les jours et que tout au plus elle ne pouvoit jouer que deux fois la semaine, faisant les grands rôles et ayant quelquefois à dire cinq ou six cents vers.

— Je le vois bien, madame, me dit la bonne tante, mais nos camarades ne songent qu'à gagner de l'argent, et quand elle joue, il y a bien plus de monde.

— Donnez-la-moi, lui dis-je, il est aujourd'hui dimanche, je vous la ramènerai jeudi, et à l'avenir, croyez-moi, ne la faites jouer que le dimanche et le jeudi, cela la reposera. Je vous promets même de lui faire répéter son rôle, elle n'en fera pas plus mal.

Elle me remercia fort, et je menai sa nièce coucher à Crespon.

On peut croire aisément qu'elle coucha avec moi. Je la caressai de mon mieux, et la voulus mettre d'abord sur le pied de mademoiselle de la Grise, mais elle résista.

Elle étoit véritablement fort sage, je le vis bien dans la suite, mais elle étoit mieux instruite que la petite de la Grise : une comédienne à seize ans en sait plus qu'une fille de qualité à vingt. Je la pressai, elle m'avoit obligation, et voyoit bien que je l'aimois, je lui promis de ne l'abandonner jamais. Je la tenois entre mes bras et la baisois de tout mon cœur, nos bouches ne pouvoient se quitter, nos deux corps n'en faisoient qu'un.

— Fiez-vous à moi, lui disois-je ; vous voyez, mon petit cœur, que je me fie à vous ; mon secret, le repos de ma vie est entre vos mains.

Elle ne répondoit point et soupiroit ; je la pressois de plus en plus, je sentois que sa résistance mollissoit, je redoublai mes efforts, et achevai cette sorte de combat où le vainqueur et le vaincu se disputent l'honneur du triomphe.

Il me sembloit que j'avois encore plus de plaisir avec elle qu'avec mademoiselle de la Grise, la condition et l'innocence de l'une étoient bien remplacées par la gentillesse de l'autre qui avoit tous les agréments de la coquetterie.

Notre coup d'essai devint la règle de notre vie, son plaisir lui fit croire aisément que je l'aimerois toujours, elle m'accabloit d'amitiés, et je fus obligée de la conjurer de modérer sa tendresse aux yeux du public, quoique nous pussions nous donner les marques les plus fortes sans craindre la médisance.

Le jeudi suivant, je ne manquai pas de ramener Roselie à Bourges ; on trouva qu'elle faisoit toujours de mieux en mieux.

J'allai souper chez monsieur le lieutenant général, mademoiselle de la Grise y étoit, fort négligée et fort triste ; je l'aimais encore, quoique la petite comédienne eût pris le dessus, et je lui demandai avec amitié ce qu'elle avoit ; elle se mit à pleurer, et s'enfuit. Je lui reparlai encore après souper.

— Hélas ! madame, me dit-elle, pouvez-vous me demander ce que j'ai ? Vous ne m'aimez plus, et vous allez coucher à Crespon avec Roselie ; elle est plus aimable que moi, mais elle ne vous aime pas tant.

Je la laissois dire et ne savois que lui répondre, lorsque sa mère me pria de passer dans son cabinet, et me dit que monsieur le comte des Goutes, demandoit sa fille en mariage.

C'étoit un gentilhomme du pays, qui avoit huit à dix mille livres de rente ; je lui conseillai de ne pas manquer cette affaire-là, tant pour me délivrer de l'importunité de la petite fille, que parce qu'elle étoit bonne, et aussi à cause de mes remords. J'avois toujours peur que le petit commerce que nous avions ensemble ne produisît quelque mauvais effet qui eût étrangement embarrassé la compagnie, au lieu qu'avec Roselie j'allois à bride abattue, sans avoir peur de faire un faux pas.

Huit jours après, on déclara le mariage de mademoiselle de la Grise avec le comte des Goutes, et j'allai à Bourges leur faire mes compliments.

Je crus être obligée, en honneur et conscience, de donner des avis à mademoiselle de la Grise.

— Ma chère enfant, lui dis-je, vous allez vous marier, il faut tâcher d'être heureuse. Votre mari est bien fait, et paroît fort honnête homme, il vous aime, mais il ne sera pas toujours amant, il faut vous attendre à excuser ses humeurs. Vous êtes sage, il ne faut jamais lui donner lieu d'être jaloux. Ne songez qu'à lui plaire, vous attacher à votre ménage, avoir bien soin de vos enfants, si Dieu vous fait la grâce d'en avoir ; c'est la bénédiction du mariage et le plus doux lien des gens mariés.

Mais écoutez-moi, ma chère enfant, je crois que vous vous souvenez assez des heureuses nuits que nous avons passées ensemble ; souvenez-vous bien de faire par raison, avec votre mari, la première nuit de vos noces, tout ce que vous fîtes avec moi naturellement et sans savoir ce que vous faisiez. Laissez-vous longtemps presser, défendez-vous, pleurez, criez, afin qu'il croie vous apprendre ce que je vous ai appris ; de là dépend toute la douceur de votre vie. Je vous ouvre les yeux présentement, parce qu'il le faut absolument ; vous ne devez pas être en peine de votre secret, je suis aussi intéressée que vous à le garder.

La pauvre fille se mit à pleurer. Sa mère entra dans le cabinet où nous étions.

— Madame, lui dis-je, elle pleure, il faut louer sa modestie.

Sa mère la baisa :

— Ma fille, lui dit-elle, vous avez bien de l'obligation à madame la comtesse ; suivez les conseils qu'elle vous donnera, et cachez vos larmes.

Nous rentrâmes dans la chambre où étoit la

compagnie. Le lendemain, l'archevêque les maria lui-même, et trois jours après les mariés allèrent à leur terre qui est à sept lieues de Bourges. Je leur promis de les aller voir, et je leur tins parole deux mois après.

Elle étoit déjà grosse ; je la trouvai occupée de son mari et du plaisir d'avoir une maison arrangée. C'est un grand plaisir pour une jeune femme qui sort de dessous l'aile de sa mère et qui ordonne en maîtresse. Il me parut que je ne lui étois pas encore tout à fait indifférente, mais à la fin la vertu fit en elle ce que l'inconstance avoit fait en moi.

Après Pâques, l'archevêque s'en alla à Paris, l'intendant n'étoit plus à Bourges, toute la noblesse qui y passoit l'hiver étoit allée chacun dans son village. Les comédiens ne gagnèrent pas de quoi payer les chandelles, ils annoncèrent leur départ.

Roselie pleuroit nuit et jour dans la crainte de me quitter ; j'en étois aussi fâchée qu'elle. Je menai sa tante à Crespon, et lui dis que je voulois faire la fortune de sa nièce, que si elle vouloit me la donner, je la mènerois à Paris dans six mois, et la ferois recevoir à l'hôtel de Bourgogne, sa capacité et mes amis m'assurant de réussir dans mon dessein. J'appuyai ma proposition d'une bourse de cent louis d'or, que je mis dans la main de la bonne tante ; elle n'en avoit jamais tant vu ensemble.

— Il faudroit, madame, que j'eusse perdu le sens, si je refusois la fortune de ma nièce ; je vous la donne, et j'espère que vous ne l'abandonnerez pas.

Notre marché conclu, elle retourna à Bourges, et dit à la troupe qu'elle n'étoit plus en peine de sa nièce, et que madame la comtesse s'en étoit chargée. C'étoit une grande perte pour eux, mais telle est la destinée des comédiens de campagne, dès que quelqu'un deux devient bon, il quitte, et vient à Paris.

En effet, du Rosan leur joua bientôt après le même tour. Floridor connoissoit son méritel et le pressoit depuis six mois d'aller à Paris. Il étoit chef de sa troupe, et il aimoit la petite Roselie qu'il prévoyoit devoir être un jour une bonne comédienne ; cela le retenoit, mais quand il vit que j'avois pris la petite fille, il n'hésita plus, il alla s'offrir à l'hôtel de Bourgogne, et il fut reçu avec l'acclamation du public.

Dès que les comédiens furent partis, je retournai à ma maison, et ne vins plus guère à

Bourges ; j'avois mis avec moi Roselie que j'aimois fort, et madame la comtesse des Goutes s'en étoit allée avec son mari.

Je ne songeois plus à elle, une femme mariée ne m'étoit plus rien, le sacrement effaçoit d'abord tous ses charmes. Monsieur le curé et le chevalier d'Hanecourt nous tenoient compagnie ; le chevalier avoit pris son parti en homme sage, et s'étoit réduit à être de mes amis.

Je mis Roselie sur un autre pied que celui d'une comédienne ; je lui fis faire des habits fort propres, j'envoyai à Paris quatre de mes poinçons de diamants, qu'on troqua contre de fort belles boucles d'oreilles que je lui donnai. Je la menois partout avec moi dans les visites de mon voisinage ; sa beauté et sa modestie charmoient tout le monde.

Je m'avisai d'aller à la chasse et de m'habiller en amazone ; j'y fis aussi habiller Roselie, et la trouvai si aimable avec une perruque et un chapeau, que peu à peu je la fis tout à fait habiller en garçon.

C'étoit un fort joli cavalier, et il me sembloit que je l'en aimois davantage ; je l'appelois mon petit mari ; on l'appeloit partout le petit comte ou monsieur comtin ; il me servoit d'écuyer. Je me lassai de lui voir une perruque, et lui fis couper un peu de cheveux ; elle avoit une tête charmante, ce qui la rendoit bien plus jolie ; la perruque vieillit les jeunes gens.

Ce divertissement étoit fort innocent et dura sept ou huit mois, mais par malheur monsieur comtin eut mal au cœur, perdit l'appétit, prit la mauvaise habitude de vomir tous les matins.

Je soupçonnai ce qui étoit arrivé, et lui fis reprendre ses habits de fille, comme plus convenables à son état présent, et plus propres à le cacher ; je lui faisois mettre des grandes robes de chambre traînantes et sans ceinture, on disoit qu'elle étoit malade ; les migraines, les coliques vinrent à notre secours.

La pauvre enfant pleuroit souvent, mais je la consolois en l'assurant que je ne l'abandonnerois jamais. Elle m'avoua qu'elle n'avoit ni père ni mère, et ne savoit d'où elle étoit ; que sa tante étoit une tante postiche, qui l'avoit prise en amitié à l'âge de quatre ans. Je ne m'étonnai plus qu'elle me l'eût donnée si aisément.

Au bout de cinq ou six mois, je vis très bien que tout se découvriroit en province, et avec scandale. L'aimant autant que je faisois, je songeai à la mettre entre les mains de personnes habiles qui pussent la guérir d'un mal qui n'est pas dangereux, pourvu qu'on ne l'aigrisse pas en le voulant trop cacher.

Il falloit aller à Paris où l'on se cache aisément. Je recommandai ma maison à monsieur le curé, et partis dans mon carrosse avec Roselie, Bouju et sa femme, mon cuisinier à cheval. J'avois mandé à monsieur Acarel de me louer une maison avec un beau jardin dans le faubourg Saint-Antoine, résolue d'aller peu à la ville, jusqu'à ce que la petite fût guérie.

Dès que je fus arrivée, je mis Roselie chez une sage-femme qui en eut grand soin ; je l'allois voir tous les jours et lui faisois de petits présents pour la réjouir. Je ne songeois qu'à elle, je ne songeois point à moi ni à me parer. J'avois des habits fort propres, et toujours des coiffes, sans mettre jamais ni pendants d'oreilles ni mouches.

Enfin Roselie mit au monde une petite fille que j'ai fait bien élever, et à l'âge de seize ans je l'ai mariée à un gentilhomme de cinq ou six mille livres de rente ; elle est fort heureuse. Sa mère, au bout de six semaines, redevint plus belle que jamais, et alors je resongeoi aussi à ma beauté. Je m'ajustai fort, et allai à la comédie avec deux dames de mes voisines. Roselie y parut comme un petit astre ; mais elle fut bien étonnée, et moi aussi, lorsqu'elle vit sur le théâtre du Rosan qui faisoit le personnage de Maxime dans *Cinna*.

Il nous reconnut aisément et vint nous voir dans notre loge. Il ne se sentoit pas de joie, et il me parut que Roselie n'étoit pas fâchée. Je lui dis où je demeurois, et lui permis de me venir voir. Nous le vîmes dès le lendemain, et il ne finissoit point sur la beauté de la petite fille ; sa passion se réveilla.

— Madame, me dit-il, ma fortune est faite ; je n'ai encore qu'une demi-part, mais je l'aurai bientôt tout entière ; c'est huit mille livres de rente. J'épouserai Roselie, si vous me la voulez donner, et je me flatte que faite comme elle est, si elle n'a point oublié à dire des vers, je la ferai recevoir dans la troupe.

Je lui répondis que je lui en parlerois, et qu'il revînt dans trois ou quatre jours.

Je lui en parlai dès la même nuit, en l'embrassant de tout mon cœur :

— Voyez, lui dis-je en pleurant, si vous me voulez quitter.

Elle dit assez froidement qu'elle feroit tout ce que je voudrois.

Cela ne me plut pas, et je résolus de la marier. Je la fis coucher dès le lendemain dans une chambre séparée ; cela la toucha, elle me crut en colère ; quand tout le monde fut couché, elle me vint trouver dans mon lit, et me demanda cent fois pardon,

— Eh ! madame, me dit-elle, quand je serois mariée, ne m'aimeriez-vous plus?

— Non, ma chère enfant, lui dis-je, une femme mariée ne doit aimer que son mari.

Elle se mit à pleurer, et m'embrassa si tendrement que je lui pardonnai et m'imaginai être encore à Crespon.

Du Rosan revint et pressa. Je lui dis que Roselie n'ayant pas de bien, il falloit voir, avant toutes choses, si elle seroit reçue dans la troupe.

— Non, madame, reprit-il comme un homme fort amoureux, je ne demande rien ; sa petite personne est un assez grand trésor.

Je ne l'écoutai pas, et lui dis que le lendemain j'irois à la comédie, que Roselie seroit dans ma loge, fort parée, qu'il la fît remarquer à ses camarades, et qu'après la pièce ils me vinssent tous prier de venir sur le théâtre, quand tout le monde seroit sorti, pour faire dire quelques vers à la fille.'

Cela fut exécuté ; on joua *le Menteur* ; Floridor, après la pièce, nous conduisit sur le théâtre, et pour me réjouir, je dis avec la petite fille des scènes de *Polyeucte*, que nous avions dites ensemble plus de cent fois.

Les comédiens étoient dans l'extase, et sans autre examen vouloient recevoir Roselie, mais je m'y opposai.

— Il faut, leur dis-je, consulter le public. Faites-la afficher, qu'elle joue cinq ou six fois, et puis vous verrez.

Du Rosan trouvoit cela bien long, et moi je le trouvois bien court. Il falloit, le lendemain des noces, renoncer pour jamais à ce que j'aimois ; je m'y résolus pourtant et ne voulus point empêcher l'établissement de ma chère enfant ; je m'étois aussi aperçue qu'elle ne haïssoit pas du Rosan.

Elle joua publiquement sur le théâtre de l'hôtel de Bourgogne, et dès la première fois, le parterre la fit taire à force d'acclamations. Les comédiens la reçurent dans les formes, et lui donnèrent en entrant une demi-part.

Elle n'avoit point d'habits de théâtre, ils

sont fort chers ; je lui donnai mille écus pour en avoir, et du Rosan lui en donna autant. Il commença à presser son mariage ; je reculois toujours ; tantôt c'étoient des habits que je lui faisois faire, tantôt c'étoit du linge ; je voulois faire la noce chez moi.

Enfin le jour fatal arriva ; Roselie fut mariée, et je ne lui touchai plus le bout du doigt. Je fis la noce à mes dépens, et l'accablai de petits présents. Je lui avois donné à Crespon des boucles d'oreilles de quatre mille francs.

Dès que la petite fille fut mariée, je ne songeai plus qu'à moi, l'envie d'être belle me reprit avec fureur ; je fis faire des habits magnifiques, je remis mes beaux pendants d'oreilles qui n'avoient pas vu le jour depuis trois mois ; les rubans, les mouches, les airs coquets, les petites mines, rien ne fut oublié ; je n'avois que vingt-trois ans, je croyois être encore aimable, et je voulois être aimée.

J'allois à tous les spectacles et à toutes les promenades publiques ; enfin j'en fis tant que plusieurs gens me reconnurent et me suivirent pour savoir où je logeois.

Mes parents trouvèrent mauvais que je fisse ncore un personnage qu'on avoit pardonné à une grande jeunesse ; ils me vinrent voir, et m'en parlèrent si sérieusement que je me résolus de quitter tout ce badinage, et pour cela j'allai voyager tout de bon en Italie. Une passion chasse l'autre : je me mis à jouer à Venise, je gagnai beaucoup, mais je l'ai bien rendu depuis.

La rage du jeu m'a possédé et a troublé ma vie. Heureux si j'avois toujours fait la belle, quand même j'eusse été laide ! Le ridicule est préférable à la pauvreté.

BIBLIOGRAPHIE

Ouvrages de M. l'Abbé de Choisy, qui n'ont pas été imprimés, 3 vol. manuscrits, in-4°. *Bibliothèque de l'Arsenal*, sous la cote : 35 B. Lettres. On lit, en tête du premier volume, cette note autographe du marquis d'Argenson : « Ces ouvrages de l'Abbé de Choisy m'ont été remis après sa mort et sont tirés d'une quantité de papiers inutiles qu'il avait négligés. J'ay rangé en ordre ce qui m'a paru bon et passable. Mon dessein étoit qu'ils ne sortissent pas de mon cabinet. Mais parmy quelques personnes à qui je n'ay pu refuser d'en donner lecture, il y en a qui ont pris sur elles à mon insu de donner au public la plus grande partie de ces mémoires dont cecy est l'original. L'Abbé Dolivet, son amy, croyt que l'austheur avoit fini les mémoires pour l'histoire de Louis XIV, et qu'il brûla, un an avant que de mourir, ce qui en manque icy. Ces mémoires sont au premier volume. »

Le tome III contient les *cinq fragments de la vie de cet ecclésiastique habillé en femme*, titre dont nous nous sommes inspirés après Paul Lacroix. Le second fragment et le quatrième sont intervertis.

.˙.

Histoire de Mme la Comtesse des Barres, à Mme la Marquise de Lambert, Anvers, 1735, in-12 de 138 p. Edition donnant seulement une partie des Aventures Elle a été réimprimée à Bruxelles, en 1736, et à Paris en 1807. On en attribue la publication à l'abbé Langlet-Dufresnoy. Gay croit qu'elle aurait été en outre réimprimée sous ce titre : *Histoires secrettes de plusieurs demoiselles, leur aventures galantes*. Paris, Tiger, s. d. in-12.

.˙.

Vie de M. l'Abbé de Choisy, de l'Académie Française. Lausanne, 1742, in-8°. Réimprimé sous la même rubrique en 1748. Edition légèrement augmentée, donnée par l'Abbé d'Olivet.

.˙.

Aventures de l'Abbé de Choisy habillé en femme. Quatre fragments inédits à l'exception du dernier qui a été publié sous le titre : *Histoire de la Comtesse des Barres* ; précédés d'un avant-propos par M. P. L. (Paul Lacroix). Paris, Jules Gay, 1862. Pet. in-12 de XXII-120 p. Tiré à 115 exemplaires. Réimprimé cinq fois : en 1870, Bruxelles, pour Jules Gay ; en 1880, Bruxelles, pour Gay et Doucé ; en 1880, Bruxelles, pour Kistemaeskers ; en 1880, Bruxelles, avec un document inédit par Mme Marc de Montifaud ; enfin, en 1884, toujours sous la rubrique Bruxelles, in-18.

TABLE

Notice 1
Chap. I. — Premières intrigues de l'abbé de Choisy sous le nom de Madame de Sancy 11
Chap. II. — Les amours de M. de Maulny. — Rupture — Mademoiselle Dany 46
Chap. III. — Les intrigues de l'abbé avec les petites actrices Monfleury et Mondory 67
Chap. IV. — La Comtesse des Barres 72
Bibliographie 143

4623. — Tours, imprimerie E. Arrault et Cie.

ImTheStory.com

Personalized Classic Books in many genre's

Unique gift for kids, partners, friends, colleagues

Customize:
- Character Names
- Upload your own front/back cover images (optional)
- Inscribe a personal message/dedication on the inside page (optional)

Customize many titles Including
- Alice in Wonderland
- Romeo and Juliet
- The Wizard of Oz
- A Christmas Carol
- Dracula
- Dr. Jekyll & Mr. Hyde
- And more...

Lightning Source UK Ltd.
Milton Keynes UK
UKOW04f2103290114

225529UK00014B/430/P